産業組織心理学による
これからのリーダーシップ

ドイツ流リーダーシップ論　ニューオーソリティ

ウィルヘルム・ガイスバウワー ［著］

川西由美子・岩嵜薫 ［監訳］

ランスタッド㈱ EAP総研 ［訳］

日科技連

Führen mit Neuer Autorität: Stärke entwickeln für sich und das Team
Wilhelm Geisbauer
First published 2018 by Carl-Auer Verlag GmbH, Heidelberg, Germany.
All Rights reserved © Carl-Auer Verlag GmbH, 2018, Heidelberg, Germany.
Published by arrangement with Japan UNI Agency, Inc., Tokyo, Japan.

まえがき

　私は20年以上，経営者や管理監督者といった，いわゆるリーダーたち
をコーチする仕事をしてきた．その中で，彼らの潜在的な不安が増えて
いることに気づいた．関連する多くの研究はこの現象が今日の社会的な
変革の結果であるということを示唆している．リーダーによる権力の行
使は，それがどのように現れたとしても，若い世代にとっては欲求不満
の要因となる．特にミレニアル世代（1980年代から2000年代前後生まれ）
やＺ世代（1990年代半ば以降生まれ）は，リーダーとの対等な目線での会
話を望む人が多い．リーダーの方向性，自分たちの発展の可能性，自分
たちがどう受け止められるかなどに対し，直接対話を好むのである．そ
うした世代の人たちには（給料や役職といった）直接的な対価だけでなく，
彼らの感情面に配慮した「心の支援」も必要になる．

　リーダーたちが人材をどのように指導するかを表面的にしか学ばず，感
情的な面をおろそかにしてしまうようなら，その指導は何の意味ももた
なくなる．人間関係の問題は主として感情の問題であるのだから．今日
の社員教育では，小手先の技術や手段よりも，相手の感じ方こそが重要
なのである．従業員の感情的な面をどう取り扱うのかは極めて重要であ
る．感情的な面の取り扱い方は，望みさえすれば誰もが学ぶことができ
る．

　私が本書を執筆した目的は，「ニューオーソリティ」のコンセプトを用
いて，リーダー自身がさらに成長するための方法論を提供したいからで
ある．リーダーが相手の感情面を考慮し，行動できる心の強さや余裕を
獲得できれば，そのチームに対してポジティブな影響を与えることがで
きる．リーダーは人の上に立っているわけだから，多くの人はこのこと
に気づいているはずだ．そして，その心の強さや余裕を獲得しようと，す
でに努力している人もいるだろう．私は本書で，どのようにしたらリー

ダーが彼らなりの「ニューオーソリティ」を見出すことができるかについての実践的なアイデアを紹介している.

　この本の監訳者であり，素晴らしい志をもつ同志の川西由美子氏との刺激的な出会いによって，私は日本のリーダーにも私の考え方を共有してほしいと思った．私はヨーロッパ人として多大な敬意と尊敬をもって日本文化を見ている.

　川西氏が彼女の部下である岩嵜薫氏とともに日本でのニューオーソリティの概念を伝える「大使」のような存在になってくれたら，私は嬉しい．彼女らはこの新しいコンセプトを用いてさまざまな人と企業に多くのよい効果をもたらすだろう．新型コロナのような不安定な事象があるときにこそ，従業員に安心感と強さと未来を切り拓く確信を与えることができるリーダーが特に求められる．日本のリーダーたちが，「ニューオーソリティ」に命を吹き込み，関わる人々が大きな利益を得ることができると私は確信している.

　あなたの会社の将来を確固たるものにするために，ニューオーソリティへの刺激に満ちた道へと出発してほしい！

　あなたは本書を手にとった瞬間からもう歩み出している．読書を楽しんでいただきたい！

2020年9月

ウィルヘルム・ガイスバウワー

監訳者まえがき

　ネットワークでつながったグローバルな世界において，変化の激しい現状と向き合い，組織を成長させるためには，組織のトップや各部門のリーダーのあり方がますます要となります．

　私は二十数年にわたって，製品，業務の品質改善に対する意欲を向上させ，業務災害を避ける安全文化の醸成とメンタルヘルスなどの組織開発や人財教育を行ってきました．その活動のベースとなった考え方は，私の専門分野である産業組織心理学と臨床心理学です．現代の日本では，働く世代の人口減少による人材不足に困り，さらにいえば，ともに働きたいと思う人材の不足という経営者にとっての壁も課題として存在しています．

　そこで，日本の現状を改善する手立てを探ろうと，恩師であるフィンランドの精神科医ベン・ファーマン氏に相談したところ，本書の原著者のガイスバウワー氏を紹介されて，2011年にオーストリアに住む氏を訪ねました．氏は組織心理学を熟知し，私と同じ臨床心理学に基づく解決志向によるチームマネジメントについての教育者ライセンスを取得し，日本でも名の知れたドイツの大企業から中小企業までの組織開発と人財教育を手掛ける著名なコンサルタントとして大活躍していました．

　ガイスバウワー氏の友好的で人間味あふれる人柄に触れ，人としてのあり方が組織を形成する大きな力となると確信し，帰国しました．そして，昨今のさまざまな社会環境の変化の結果，企業のリーダーにそのしわ寄せがさらに来ている現状を鑑み，もう一度ガイスバウワー氏と意見交換がしたいと思い，2019年末に再び氏を訪問しました．ガイスバウワー氏は，リーダーシップに関する著作（原著：2018年にドイツのAmazonでドイツ語圏組織心理学分野売上1位）を出版し，変化に富むこの時代を生き抜くリーダーのあり方を体系化していました．同書について意見交換

をする中で，書籍の内容は日本の未来のためになるものだと確信し，監訳を決意しました．本書は変化や危機を生き抜くための大きな要素である組織を再活性化するための感情面の扱い方を中心に伝えています．理解を促進するため，主にドイツ，中東，スカンジナビアで活躍する心理学，社会学，精神医学，教育学の専門家の論文が多く引用されています．日本ではなじみの薄い人物名が多く出ていますが，監訳者らが教育を受けたことのあるフィンランドの精神科医や社会心理学者も含まれており，現在活躍する教授や博士の生の声であるといえます．

　なお，産業組織心理学の専門知識の理解を促進させるため，日本語版のみ監訳者らの解説とコラムを収録しています．

　本書出版の年，2020年はコロナ危機の真っただ中でもあります．世界中で多くの尊い人命が奪われ，人，企業，組織，団体にとって，大きな試練の年になりました．これからさまざまな困難を乗り越えていく先導者としてのリーダーのあり方について，本書が私たちに光を見出してくれる「北極星」のような存在になることを切に願っています．コロナ危機で大きく様変わりした環境の中，まさに予測できないことが起こり続ける新常態といわれる「ニューノーマル時代」をどのように生き抜くか，新たなリーダーのあり方が問われています．

　本書が組織を前進させ，リーダー本人や部下や周囲の仲間が生きやすく，活き活きと能力を発揮できる組織に変わる一助になれば幸いです．

　人はすべてのビジネス行動の原動力となります．人が輝き，創造力を生み出せる組織づくりのお手伝いをさせていただきたいと心から願っております．

2020年9月

監訳者を代表して

ランスタッド株式会社　EAP総研

所長　川西　由美子

目　　次

┌─ **監訳者解説とコラム** ─────────────────────

第1章
リーダーは何をすべきか

本書は「これからのリーダーシップ」について，単に技術的な側面を説明するのではなく，以下のような具体的な問いかけを実現するためのリーダーのあり方について述べる．

1.1　指導的立場にある人が次の事項を実現するためには，何をすべきなのか？

- 不測の出来事や今後の方向づけが困難な状況でも，しっかりと舵取りができる．
- 組織構造が不安定であったり，計画が変更となったりした場合であっても，明確さと方針を生み出すことができる．
- 世界的な危機や混乱や抜本的な変化が生じた場合でも，安定を保てる．
- 一方的な指示や部下が萎縮する脅しのような行動，細かすぎる管理の代わりとなる方法を発見して，それを実行に移すことができる．
- 従業員が積極的に組織運営，目的達成ができるようにする．

私は心理的側面や部下への態度を重視した「これからのリーダーのあり方」を特に重要視している．本書では，「これからのリーダーのあり方」のために開発すべき能力は何か，どのような外部資源を利用することが有効かを説明する．

ギャラップの積極的参加の指数(Gallup, 2016)によると，2008年のリーマンショックによる経済危機以降，「従業員の満足度と積極的参加」が非常に危機的な水準まで低くなっていることがわかった．大部分のドイツ人の会社員は自分自身と自分の人生に満足しており，経済的状況を良好と見なしている．一方で，その70%が会社と自分自身との間に感情的な結びつきが少ないと感じている．彼らは決まりに従って仕事をこなしているだけなのだ．さらに調査は，社員が会社に何年働き続けるか，またその期間内にどの程度生産的に働くかは直属の上司の指導力に左右され

る，ということも指摘している．しかし，リーダーの質に関しては，従業員が望むものとリーダーが「部下がこう思っているだろう」と予測するものとの間には，かなり大きな溝がある．

　同調査によると，指導的立場にいる97％の人が，自分を優れたリーダーと見なしている．しかし，従業員の観点からすると，リーダーは自身の欠点に気づいていないことが多い．従業員が会社と感情的に結びつくためには，リーダーとの継続的な意見交換が必要であることを，多くの研究が示している．仕事の成果，従業員の潜在能力の発揮，能力開発に関して，継続的にリーダーと対話を行っている従業員はわずか14％にすぎない（Gallup，2017）．

　指導的立場の人に「どのような方法でリーダーシップをとっていますか？」と質問をすると，パートナーシップ，チームビルディング，民主的といった概念をよく口にするが，これらはうわべだけの場合もある．また，「対等」という概念もよく耳にするが，対等とはほど遠い，相反する想いがはっきりとリーダーと従業員の間にある．最も重要視されるべき価値は，今後も従業員の従順さなのか？　すなわち，現在のマネジメントも，未だに昔の権威主義の基本構造と変わらないものなのか？　未だにリーダーが望むのは，自分の「部下」がリーダーが望むように感じ，考え，行動することなのか？　パートナーシップという言葉や，うわべだけの，流行りの管理手法が形だけで中身が伴わない場合が多いのか？　さまざまなリーダーの姿が職場には存在している．

　本書は，これからのリーダーのあり方を探す方法を明確に提起するものである．この方法に従えば，リーダーは非常に困難な課題に直面しても，リーダーという役割を単に維持するためだけでなく，人として喜びと自信も伝えていけるように，外面的および内面的な強みや心の広さを身につけることができる．そして将来的に，どんなことにも対応できる企業文化の構築も大切だ．その際には，上司の役割としてどのような要素が大切なのか？　これらの要素をどうやって管理できるのか？　私は

その解決策はリーダー自身が発展させる考え方である「ニューオーソリティ」にあると思う.

　ニューオーソリティの考え方は, ハイム・オマー(Haim Omer), アリスト・フォン・シュリッペ(Arist von Schlippe), アイア・アーゼン(Aia Asen)などによる研究をもとに再構築している. この考え方は教育分野で開発され, 数十年来, リーダーや指導者の課題に生じた問題に対する最良の解決策として活用されてきた. 私はこのモデルを, 民間企業のみならず, 非営利組織, 病院, その他の機関に適用し, 実践できるようにしてきた. この適用についての最初の基本的なアプローチは, フランク・バウマン－ハバーザックの優れた著書ですでに示されている(Baumann-Habersack：*Mit Neuer Autorität in Führung*, 2015).

1.2　本書の概要

　第2章では, リーダーのとるべき態度や感情の扱い方とリーダーの意味, そしてハード面およびソフト面の要素の作用について説明する.

　第3章では, これからのリーダーのあり方のコンセプトを個々の要素とともに具体的に説明する.

　第4章では, これからのリーダーのあり方に関する最も重要な発展領域, すなわち解決策に対応させたリーダーのコミュニケーションやシステム(チームや集団)に対する考え方と実践を紹介する.

　第5章では, これからのリーダーのあり方を身に着けた後の具体的な可能性を示す.

　第6章では, バーンアウト(ストレスによる疲労の症状)の対処法, 健康促進と企業の発展に関することをテーマに説明する.

　第7章では, 実務においてはまりがちな人間関係の落とし穴を例に基づいて解説する.

　第8章では, 効果的なアドバイスの見極めについて取り上げる.

第9章では，人材育成のコーチとは何かをテーマに説明する．

第10章では，ニューオーソリティを発展させるための手掛かりを説明する．ここではリーダー自身が内省し，意識を高めて，自身の目標を達成できる構造を解説する．

第11章では，将来の発展においてニューオーソリティがどのような意味をもつのか，私の展望を示している．

付録では，質問シート，チェックリスト，実務上の詳細な手引きを収録している．

ここで私から一言．あなたが必要とする時間は，本書を読むのにかかる数時間と，プロジェクトを開始する準備にかかる数時間にすぎない．それが終わったとき，あなたは「ニューオーソリティ」の考え方を取り込み，自分自身の可能性を追究したくなっているはずだ．その行程を楽しんでほしい！

第2章

ニューオーソリティ
―権力ではなく共感と協働―

「オーソリティ（権威，権力）の伝統的なイメージは，もうかなり前に破壊されている．権威主義のリーダーはもはや存在しないといってもいいだろう．オーソリティとは本来，人と距離を置き，上から目線で，部下を管理するような振る舞いを意味するからだ．人権が尊重され，民主的な現代社会において，このようなリーダー像に自身を当てはめたい人はいない．こうした古いタイプのオーソリティは部下の従順さを前提としていることが明白であり，これこそが新しいマネジメント手法を考える際の問題となる」(Omer, 2017)．では，リーダーは一体どうあるべきなのか？　オーソリティを維持することなく，リーダーであることは可能か？　オーソリティという概念には名声と尊厳が関連しているのだろうか？　権力主義ではないニューオーソリティの特徴とは何か？　本書はこれらの問いかけに答えるものである．

「Autorität（権力主義）」という概念は，ラテン語のauctoritasという単語から派生している．ラテン・ドイツ語の学生用辞書である Stowasser には，その翻訳として，「名望，影響，意義」といった概念のみならず，「意思，意見，権限」といったものも載っている．autoritär（権力主義的）は，「全体主義，独裁的，絶対的従順を要求するもの」，「（昔の）権力主義に関連する」という意味合いだが，驚くべきことに，権力主義という言葉にはポジティブな意味合いもある．このことから，ニューオーソリティ論を教育分野に広めた，イスラエルの教育学者でテルアビブ大学教授であるハイム・オマーと彼の同僚は，ニューオーソリティという言葉を使うことで，オーソリティの概念をポジティブな意味をもって復活させたことがわかる．

2.1　マネジメントのスタイル

リーダーは従業員が自主的に考え，組織や上司に協力的に行動し，自ら責任を負ってくれることを希望しているだろう．このような従業員を

育成，教育するマネジメントはあるのだろうか？　その問いに対する答えは，さまざまな能力開発教育の中に多く見受けられ，また数多くのマネジメント教育で取り入れられている．これらは骨の折れる教育プログラムの一つではあるが，従順で責任感の強い部下を育てられるリーダーになってほしいという期待を多くの企業がもっている．その結果，目新しいスーツを着込んだ，いわば形だけ整えたリーダーが誕生する．最初のうちはそのスーツと，権威あふれた自分が気に入るだろうが，時間とともに「着心地」が悪くなることだろう．なぜか？

　それは，予期せぬ混乱が訪れたり，ストレスを抱えてしまったりしたとき，そのスーツと権威では対応できなくなるからだ．マネジメントという分野は，部下との衝突，組織の危機など，予期せぬ出来事の連続である．マネジメント教育で頭でっかちになり，形だけ整ったスーツを着込み，権威を振りかざすリーダーは，自分自身の考え方を調整しない限り，部下との協働は難しくなる．そして，自身のリーダーシップに限界を感じるだろう．その状態になって初めて，リーダーは孤独を感じる．リーダーシップにより，部下がついてくるかどうかは，部下への心の配慮や部下を成長させたいと行動する人間らしいところが関連してくる．形だけのスーツを着込んでいた自分に気づいたとき，問題解決には従業員との心理面の融合，協力が不可欠であることを知るだろう．

2.2　マネジメントの機能

　リーダーはリーダーシップをとる際に具体的に何を行うのか？　リーダーと従業員との違いは何か？　答えは簡単だ．リーダーは決定を下すか，または決定のために部下たちに働きかける．組織は決定によって動くものであるから，いうまでもなく，これが主要な機能である．決定が下されないと組織は停止する．ただし，従業員の心を無視した決定は組織を疲弊させる．逆に適切に従業員の心に配慮して下された決定は組織

を前進させ，組織に新しい風をもたらしてくれるだろう．

　サッカーの試合に例えると，審判は自身の決定によってルール違反の場合は笛を吹いて試合を中断させ，フリーキック，ペナルティキックの判定や，警告，最悪の場合は退場を宣告する．審判が介入しない場合，これらの判定は選手，トレーナー，観戦者に委ねられるが，もちろん秩序がなくなってしまい，暴動や混乱に発展する恐れもある．審判の決定の正誤に関係なく，試合を前に進めるためにはとにかく決定が下されなければならない．優れた審判は，自分の決断が誤ったときは，自分の誤った決断を認め，そのチームに再び公平性を与える．多くの場合，選手とトレーナーは優秀な審判とは何かを知っている．

　リーダーをサッカーの審判になぞらえたのは，試合の規律を守るという共通点があるからだ．しかしリーダーは，試合が終わったら家に帰れる審判とは違い，企業や組織に対する細かい考察やフォローが必要になる．ここで，私たちは自身に問いかける必要がある．リーダーとは一体何なのか？

　マネジメントは，目で確認できないが，不足している場合にははっきりと気がつくものだ．ゼーリンガー(Selinger，2008)によると，社会システムである人間と組織は，組織とその内部にいる人間は相互に予期しない反応をし，それぞれの自らの論理に従って物事を先に進めるため，外部から管理することはほぼできない．ゼーリンガーによると，先導することは原則として不可能とのことであるが，先導とは何のためのものなのだろう？　矛盾した回答かもしれないが，答えは「とにかく機能させるため」である．人間を原則的に先導することが不可能であることが正しいとすれば，コントロール思考を完全に破棄し，影響を与えることを完全にやめるべきなのだろうか？　決してそうではない．変えるべきことは，人の心に影響を及ぼす方法とアプローチを学ぶことなのだ．

監訳者解説1 機能不全組織を先導するときに必要な考え方

　機能不全組織について解説する前に，機能不全組織を理解するうえで大切な心理学的考え方をお伝えします．

（1） 家族療法について

　家族で問題行動を起こす子どもがいる場合，その子のみに問題があるのではなく，家族全体の機能不全を治さない限り，子どもはよくなりません．言い換えれば，家族の機能不全が症状として出やすい子どもの行動，言動，身体不調に出る場合があるということです．例えば，父親と母親の関係性が喧嘩ばかりしていて，2人とも情緒的に不安定であれば，子どもに知らず知らず当たってしまったり，子どもの行動に無関心になります．自分を見てもらいたい，親と対話したいという子どもの想いがかなわないでいると，どこかで我慢して体調不良や言動や行動に症状として出るということです．このような観点で，子どもの症状のみを治そうとするのではなく，家族全体の機能を改善して，子どもと親の症状の緩和を目的とした治療を家族療法といいます．

（2） 組織の機能不全とは

　上記を組織に置き換えて考えると，組織の機能不全とは，例えば，

① 改善点を伝えても「言い出しっぺの君がしなさい」と周囲がともに考えず，問題をはじめに提議した人のみが負担を抱えるため，なかなか言い出せないでいる．

② リスクがあると思うことを伝えても，チームが無反応で事態が悪化する．

③ 手遅れになるなど思っていても行動を後回しにしている．

④ 伝えても聞き入れてくれないから，というように，組織や個人の困りごとを解決しないでいることによる悪影響が出る．

という状態を指します．

　このような機能不全組織へのアプローチでは，ニューオーソリティの考え方に基づき，リーダーは個々が抱える問題を対象の人だけの問題として片づけるのではなく，チームや組織としてどう向き合うか環

境改善を考えることが重要な一歩となります．

（川西　由美子）

　ローゼンスティール（Rosenstiel, 1988）は，マネジメントを「コミュニケーションを手段とした，直接的かつ意図的に，目標に関連づけられた上司から部下に対する影響行使」と定義している．では，どのようなコミュニケーション手段が最適なのだろうか．

　ジーモン（Simon, 1997）によると，リーダーの果たすべき機能には2つある．1つは部下に対してしっかりと目配りをすること，もう1つは組織内の円滑なコミュニケーションを促すことだ．どうすればこれを実践できるのだろうか？

　具体的にリーダーが取り組むべき内容は，以下のとおりである．

- 将来のビジョン（展望）をメンバーとともに構築すること．
- ビジョンの達成に向けて適切な戦略と役割分担を決めて，実行すること．
- 組織を適切な意思決定によって動かし，維持すること．
- メンバーを適材適所に配慮して，従業員をサポートし，適正かつ透明性のある報酬形態を提供すること．このとき，仕事の様式を定め，成果に対するフィードバックを行うこと．

　上記は多くのリーダーシップの専門家が述べていることだが，私はこれに以下の事項を補足したい．

　部下の管理に信頼や心配りといったソフト面である心理的な要素を組み込むことにより，相互の信頼を醸成し，部下の創造性を促進することができる．コミュニケーションをさらに密にすることにより，チームメンバーのチームへの積極的参加を促し，自律的な責任ある態度に変えていくことができる．

2.3　ハード面の要素・ソフト面の要素

　ドイツの大学の経済学部と経営学部は，未だに自ら起業し，ビジネス
を手がける旧来の意味での経済人を輩出しようと努力しているようだ．し
かし，大学卒業有資格者で自営業を選択するものは，ほんの数パーセン
トのみである．卒業生の多くは，雇用主に依存する形態を選択する．ど
うしてだろう？

　大学では，学問の「ハード面の要素」（データ，事実，法律など)はし
っかりと教えている．教育機関はこの点に関しては並外れた完璧主義で
ある．この要素は，教えることが容易で，試験で理解度を測ることも可
能だ．ハード面の要素は，個人に左右されることが少ない．経営学のテー
マは，マネジメントも含めて，ほぼすべてがそのように捉えることがで
きる．

　しかし，多くの大学卒業者は，自分が学んだことがビジネス社会で遭
遇する真実の半分に過ぎないかもしれない，ということに薄々気づいて
いる．彼らがリーダーになったとき，「対処するべき何か別の領域がある
はずだ」と感じていることだろう．この領域こそ，ソフト面である心理
的な要素である．大学の勉強では，多くの場合心理的な要素はないがし
ろにされていた．定量的に説明することが難しく，個人によって行動が
変わる心理的な要素の問題は教えることが極めて困難である．だが，現
実のビジネス社会では心理的な要素の問題から生じる困りごとを回避す
ることはできない．多くの場合，心理的な要素の矛盾を抱えながら，困
りごとに立ち向かうことになる．そして彼らは途方に暮れるのだ．

　例えば，組織の状況が変化したときや，対策について考えが及ばない
ときはどう対処すべきなのか．あるいはどうすれば仲間との信頼性を創
り出し，ともに解決に向けて前に進めることができるのか？　このよう
な問いに対して，新卒者のみならず，キャリアの長いリーダーでも，方
法さえわかっていれば，「人と人との関係」で，できれば何かを変えたい

と考えている．彼らは，職場の雰囲気，チームワーク，相互のコミュニケーションを改善すべきだと思っている．彼らの多くが，共同作業の問題と解決しづらい葛藤に悩んでいる．すなわち，心理的な要素のマネジメントが重要であると認識しているのだ．

この心理的な要素は，ハード面よりも重要であるにもかかわらず，一部の人々には重要性が理解できない．心理的な要素は直接的ではなく，間接的にのみ影響を及ぼすうえ，定量的な評価がしづらいことも理解を難しくする．心理的な要素は組織を発展させる潤滑剤であり，重要性に気づきさえすれば誰しも導入に反対はしない．

では，心理的な要素をどのようにマネジメントに取り込めばよいのだろうか？

ソフト面の要素は知識や技術から派生したものではなく，上司や部下の間の感情的な触れ合い，直感から生じるものだ．信頼感や創造性を明らかに示して，その結果として共感とチームワークが醸成され，変化に対する準備を可能にする．逆に，過剰な管理によって不信感が生まれ，制裁によって屈辱が生まれる．つまり，別の方法論である「ニューオーソリティ」が必要なのだ．それによってリーダーが基盤を築くことができ，従業員の中で仕事，組織に対して前向きな感情が生まれてくる．心理的な要素がポジティブに発展していく枠組みを定めることができる好ましいチャンスが訪れる．その保証がない場合であっても，成果が出るように導き，勇気を与えてくれ，刺激を受ける可能性が高くなる．

監訳者解説2　ソフト面の要素である仲間意識のつくり方

近年，業務内容が複雑化して，チームメンバーの誰一人として同じ仕事をしていない環境が見受けられます．また，所属する会社以外の現場で他社の担当者と共同作業をする人，あるいはオートメーション化した現場では，機械を制御する人が1人で作業する場合もあります．このような環境ですと，集団のチーム意識がなかなかつくれません．こ

ういった環境はややもすると，自分たちの働き方にチーム意識は不要，という考えを生んでしまうことがあります．

　そこで，チームメンバーがそばにいなくても，仕事内容が異なっても，心は自分の所属する会社のチーム員である，と認識させることが必要となります．チーム意識を認識させるためには，誰しももっている仕事上での困りごとを共有する時間と場所をリーダーがチームメンバーに与えることが重要です．それにより，業務内容は異なっていても，困りごとという共通の対話が生まれます．共通の話題があって初めて1人ではない仲間意識が芽生えるのです．直接的な仕事のサポートをすることに限らず，職場の協働の雰囲気や，安心感，職場への帰属意識を対話により生むことは実務的な仕事のしやすさに大きな影響を与えます．これが本書でいうチームワークのソフト面の要素を意味します．チームの心が触れ合うきっかけをリーダーがつくることで，どのような環境であっても一体感が見出せるのです．

（川西　由美子）

第3章

これからのリーダーのあり方

　新時代においてマネジメントの機能を高めるためには，「ニューオーソリティ」という考え方が必要だ．旧来のオーソリティについての認識を捨て，新しい概念に変化させない限り，21世紀における組織の競争力は高まらないといってよいだろう．繰り返すが，権威主義的なマネジメントは，もう時代にそぐわない．従業員は上司とともに成果を達成すること，同じ目線で行動することを好み，組織の透明性，密接なネットワーク，対等な関係性を明らかに望んでいるのだ．

　インターネットやスマートフォンの普及，ミレニアル世代などの登場で時代が大きく変わっているのだから，その大きな変化に対応しなければならない．ニューオーソリティは，新しい流行の概念ではなく，何よりもリーダーとして時代に合わせていかなければならない考え方の変化なのである．これによって，今世紀の社会的発展に対応して，組織的にも文化的にも効果が期待できる．指示に応じる従順な社員のみをつくろうとしてしまう技法は，もはや通用しない概念である．「いやがるなら，力ずくで連れてゆくぞ」．ゲーテ『魔王』において，死神はこのように脅しているが，これは旧来型のマネジメントスタイルである．

　旧式のマネジメントスタイルは，もう壊れてしまってはいるが，組織において完全に権威主義的な側面を排除することはできない．これは旧時代と新時代の両方を体験した世代が抱えるジレンマである．

　ハイム・オマー，アリスト・フォン・シュリッペ，フランク・バウマン－ハバーザックなどの専門家は，「ニューオーソリティ」という考え方を提示し，マネジメントと組織がそのメリットを上手に生かし，将来に活き活きと対応するためのアプローチ法を示している．ここで最も重要視されているのは，相手の心中を理解し，仲間を巻き込んで行動できる強さを発展させることであって，権力行使や統制ではない．組織はピラミッド型ではなく，組織のあらゆる人々と互いの考え方や思いを反映させることができた場合に，組織に縦串横串が通り，立体的なつながりをもとにしたリーダーシップを獲得できる．縦串横串を通すためには，リー

ダーはチームワークや共感といった要素を身につけなければならない.

3.1 これからのリーダーのあり方「ニューオーソリティ」とは

　ニューオーソリティの考え方はどこに由来するものなのだろうか？ニューオーソリティとして認められるためには何が必要なのか？ ニューオーソリティとはまったく新しいアプローチなのだろうか？

　本書の読者の多くが社員と心が通じ合った名声を得たリーダーを知っていたり，あるいは自身がそのようなリーダーであったりするかもしれない. 実は多くのリーダーが社会の価値観に合わせて，直観的にオーソリティを権威的なものから，前向きで肯定的な形へと発展させている傾向がある. では，どのような手順を踏めば，ニューオーソリティをさらに効果的に実践できるのだろうか？

　ツィーグラーは，オーソリティ（権威）について，以下の3つの型に区別している（Ziegler, 1970）.

  ①　人格のオーソリティ：名声，信頼，高潔さなど，人格や人柄に由来する権威

  ②　機能的オーソリティ：技術，知識，経験など機能に由来した権威

  ③　調整型オーソリティ：社会，組織で生じたトラブルなどをうまく調整する力に由来する権威

　これらはオーソリティを身につけるうえで重要ではあるが，一方，バウマン−ハバーザックによると，時代とともに変化したニューオーソリティは自分自身から生まれ出るものではなく，常に特定の状況や環境から生じるのだという.「オーソリティは超然としているが，超然としている人が誰でもオーソリティであるわけではない」（Baumann-Habersack, 2015）.

　ニューオーソリティは人間関係そのものを意味している. その関係性は従属関係や優位性，全権力の行使を意味するのではなく，同じ目線で

の信頼できる関係であり，双方に役に立つ建設的な対話を必要とする．

　ニューオーソリティを理解するうえで私たちに必要なのは，オーソリティの新しいイメージをもつことである．これはどのような構成要素から形成されるのだろうか？　リーダーはどのようにして強さを身につけるのか？

　本書で示すニューオーソリティの要素は，ハイム・オマー，アリスト・フォン・シュリッペのコンセプトと，バウマン－ハバーザックの適用実例に対応している．これに私の20年来の知識およびチーム開発とリーダーへの解決志向型コーチングから得られた結果を補足した．私自身は，教鞭をとった後，16年間中規模の企業のマネージャーとして活動し，そのうち6年間経営者を務めた．その中で，ニューオーソリティの必要性を常々感じてきた．

3.2　ニューオーソリティを生み出す要素

　図3.1に示す項目がニューオーソリティを生み出すために必要な要素である．リーダーは，自身が部下や周囲とどう向き合っているかを確認することが肝心であり，単なる技術を習得することは重要ではない．これらの要素をリーダーの人格に浸透させ，組織の環境改善を促せるようなニューオーソリティへと導く必要がある．

　マネジメントのすべての問題がこれによって解決するとは誰も保証できないが，この要素は従業員の心を理解して，潜在能力を引き出すための強固な基盤となるだろう．

　次に説明するニューオーソリティの特徴は，元々バウマン－ハバーザックの考えと，ハイム・オマーとフォン・シュリッペが作成した対義語を私が補足し，リストアップしたものである．

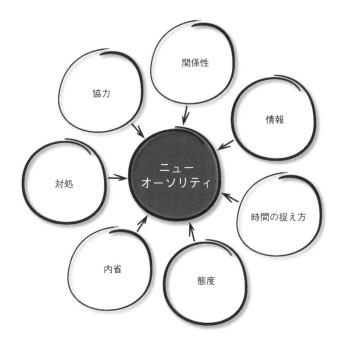

図3.1 ニューオーソリティの要素

(1) 関係性：距離感

　幾人かのリーダーは従業員に対して距離を置く傾向にあるが，そうすることで，自身のオーソリティは逆に弱くなってしまう．リーダーは孤立して作業を行う．オフィスの扉を開いて，会話をする準備ができているという信号を出すという，よい意味での「オープンドアポリシー」であっても，コミュニケーションはときには伝わらないこともある．また，ヒエラルキーの同じ階層にいるリーダーの同僚にも距離を置く場合もある．それは，競争を意識するからである．

　バウマン－ハバーザックによると，オーソリティに対する敬意は，近い距離間，いわばリーダーからの心遣いから発展するという（Baumann-Habersack，2015）．リーダーの行動が予測，認知，理解できる場合に，従業員の安心感は敬意へと発展する．

　ハイム・オマーは，2016年にチューリッヒにて行った講演，「リーダーの存在」の中で，リーダーの存在自体を最も重要なニューオーソリティの源と見なしている．「私はここにいて，よい解決策が見つかるまで皆さんとともにここに留まる」と言ってくれるリーダーがいれば，その存在感こそがニューオーソリティへと発展する．このような姿勢でいてくれるリーダーは意義と重みをもたらすため，何か具体的な解決策を提示することよりも重要といえる．このような存在感があれば，従順の強制や監視は必要なくなるのである．

　リーダーは，従業員との関係改善を進めることができて初めてリーダーたり得る．

　真のリーダーのあり方においては，チームや組織を巻き込んでメンバーとの具体的な相互コミュニケーションによって成り立つ連続的なプロセスが大切である（Baumann-Habersack, 2015）．

　リーダーは，第一に関連する仕事の相手との良好な関係性を形成することが重要である．このために必要な条件とは，心理的に距離が近いことである．そして，リーダーと従業員の関係はギブ・アンド・テイクによって発展する．ただし，ある程度のバランスが常に必要となる．一方が常に受け取る（要求する）場合や，常に与える場合，対立または関係の解消という悪い結果に終わる．しかし，長期的な視点でバランスの調整が行われ，規則が遵守された場合は信頼関係が生まれる．リーダーと部下のよい関係には組織を支える力があり，管理や監視はもはや重要性を失う．透明性のあるコミュニケーションは組織やチームの信頼を築くための前提条件であり，二者のみでの密談はよい結果をもたらさない．

　多くの企業には，マトリックス組織（専門職の上司，組織上の上司がいる組織）がある．このような組織では，リーダーが活発な意見交換を部下とするために距離・関係を近づけ，信頼を創り出すように努めることが求められる．近年リーダーが先導する範囲が大幅に広くなっており（ドイツ語圏では1人のリーダーが率いる従業員数が12人から60人以上に増加

している），しかも地理的に離れた複数のチームが1人のリーダーによって引率されるケースもある．

> リーダーが心理的に近くにいることが，部下や組織の新たな能力，可能性を引き出す．

（2） 情報：透明性

人間関係では，いろいろな意味で透明性によって相互信頼が生まれる．その前提として，情報がある程度メンバーに公開されていることと，その情報を各メンバーが同時に得られることがあげられる．すべての関係者が会議のテーブルで関連情報を同時に議論することができれば，チームメンバーは自分のこととしてものごとを捉えて，議論する共感空間が生まれる．

それに対して，二者のみの密談では，不正なやりとりが行われる可能性がある．リーダーが独断で下した決定は，混乱を招く．どちらのケースも，誤解によって組織内の関係が悪化してしまう．また，情報が少数の人間に隔離されることによって，タブーの領域が作られてしまう．こうなると，重要な議論を部下らにもちかけられず，組織は解決困難な高いリスクを背負ってしまうのである．

しかし，組織はコミュニケーションによって発展し，透明性によって潜在能力が発揮されるものだ．メンバーが協力し，共同で練り上げた将来の展望によって目標達成のための結束が強まる．組織が取り組むべき課題の意義をみんなで協議し，具体的な方法について同意することが大切である．この手法で得られた成功体験は，特に困難な時期において強さを発揮する．

> 情報の透明性を高めたコミュニケーションによって，リーダーは

部下と信頼関係を形成することができ，協力体制を生み，目標達成のための結束力が生じる．何を目的に取り組むか共感，同意できると強い組織になる．

（3） 時間の捉え方：根気強さ

時間の使い方がうまいリーダーは，メンバーからよい印象をもたれる．余裕をもって自分の時間を使うことはもちろん，部下の時間の使い方について理解がある（感情的になって急かしたり，怠惰だと責めたりしない）と，リーダーは周囲から尊敬される．これからのリーダーとしてふさわしいニューオーソリティとして認められる．

短気で，すべてをすぐに処理しようとするリーダーは，時間という貴重なリソースをムダに使い，その価値を浪費してしまう．その結果，組織全体の業務にストレスがかかり，部下は神経をすり減らし，フラストレーションが溜まる．古いオーソリティは，リーダーの命令にすぐに対応する「直接性」という原則に基づいている．この状態はメンバーのストレスを高め，心の視野を狭くしてしまう．短気は自分にも部下にもストレスを生み出し，チームの状態の不健康さは加速する．まるで明日がないかのように，できる限り今日中にすべてを済ませたいという追い込まれた心理状態になるからだ．遅延を弱点と考えてしまうと，今何かをしなければいけないという「自分と今しか見えない」ような状態にかかり，ときには休暇をとることも，ましてや週末に余暇を楽しむこともできなくなるほど，脱出困難となる．

ニューオーソリティでは時間の理解が異なっている．長期的に物事が考察できるようになるため，部下は深い洞察が可能になる．リーダーは個人が抱えている処理すべき課題達成や問題解決を焦らせることもない．リーダーにより優先度が決められた戦略的枠組みが課題や問題と向き合う考え方の基盤を形成する．リーダーはそれらをもとに実行させるため

の根気と結びついた忍耐が必要とされる．このような理解のもとでは，従業員を上から押さえつける必要もない．押さえつける態度は，いつも勝者と敗者がいる権力闘争につながり，人間関係の質が損なわれ，マネジメントも脆弱となる．さまざまな環境の変化があっても，根気強くなれば，十分対応できる．「根気強く目標に向かって進むことは，継続性を生み出し，リーダーと従業員間の関係を安定させる」(Omer, 2017)．

> 大切なのは，加速することでも，ただ減速することでもない．目標に向けてチームを巻き込むことを優先することと，根気強く話し合いをする心の強さや余裕が達成に大きく貢献する，新しい時間理解が肝心である．

（4） 態度：毅然とした態度

私は慎重で毅然とした態度が，リーダーの存在に特別なアクセントをつけるものだと考えている．すなわち，立場を定めたり，ルールが常に遵守されるように配慮し，よいことはよい，悪いことは悪いとはっきりと言い，自らの考え方や態度を明らかにすることである．リーダーが部下の批判をしなければならないときは，役職の権力を行使することを避け，注意深く丁寧に接することで，話し合える心の余地や，明確な関係が生み出され，建設的な共同作業や高い自律性を発揮するための枠組みが守られる．「権力闘争を始めるのではなく，リーダーはやってはならないことを強調すればよいのである．話し合える心の余裕と動じない態度によって，メンバーとともに話し合いで決めた境界についてお互い納得することができる」(Baumann-Habersack, 2015)．必要に応じて，反論ができ，制裁を回避できる．誰もその面子を汚されず，誰も侮辱されない場合，関係者はよい人間関係を保つことができる．互いの心理的な距離の近さは，リーダーの価値を下げることはない．真の毅然とした態度

とは，内面の秩序と明確性に起因する行動を意味する．

> 強さは，感情に左右された力と一緒に行使するものではない．ま
> た管理し，制裁を与えるための手段でもない．相手の態度に依存し
> ない自身の存在を保つことを意味する (Omer, v.Schlippe, 2009).

（5）　内省：自己意識の改革

　リーダーは何より自分自身の考え方を改善する必要がある．バウマン−
ハバーザックによると，自己意識の改革には優れた自制心，内省が必要
である (Baumann-Habersack, 2015). リーダーはリーダーとしての行動
の背景を自問自答することで，指示，管理，制裁を行うときの態度を効
果的に調整することができる．

　ハイム・オマーによると，従業員を管理できていると思うことは幻想
である．相手の思考は自由であり，感情や，ましてや行動をコントロー
ルすることはできない．自己意識の改革によって，リーダーは尊敬を獲
得する．言葉の使い方を変えるだけでも相手とのコミュニケーションが
改善される．「君は私の言うとおりにやりなさい」ではなく，「自分たち
が言ったことを実行しよう」というように，自らが動くことを促進させ
る言い方が重要である．ヒエラルキー的な役職が大切なのではなく，チー
ム，部門，組織において何のために問題を解決するかを明確にし，誠実
に向き合うことが大切である．

　リーダーの態度と良心，確信，価値観といった内面の声とが一致しな
い場合は，そのリーダーのオーソリティは弱くなる．内面と行動が一致
しないとき，人は矛盾，混乱，圧迫，不快感を感じ，リーダーの存在感
が薄いと感じる．一昔前の権威主義的文化においては，リーダーが必要
に応じてコーチや同僚をパートナーや調停者として手配した場合，弱点
と見なされたものだ．しかし，ニューオーソリティの考え方では，専門

性の高い事案，問題，課題を，職務上のコミュニケーションパートナー
に説明し，助けを求め，解決策を見つけることが重要である．解決策に
向けて取り組む，このような姿勢は，ニューオーソリティを身につけた
リーダーがもつ強みである．

> 自己意識の改革とは，リーダーの人生の課題として，自身の内面
> と対話し，あるべき態度を維持すること，またはそれを再発見する
> ことを意味する．これらは，内省を通じて，また信頼を勝ち得よう
> と努力することで達成できる．ニューオーソリティの考え方を身に
> つけると，広範囲において威圧的に管理することを放棄し，また，上
> 司の指示を鵜呑みにせず，自律的に考えることができる．

（6） 対処：衝突や対立の解決

　批判的なフィードバックは，学びのチャンスになる一方で，侮辱とし
て受け取られかねない．部下の新しい能力が開花するチャンスと人間関
係が破壊されるリスクは隣り合わせである．これこそが，リーダーの腕
の見せ所だ．リーダーの態度によって，衝突が発生し得るか，または解
決可能かが決まる．対立している関係者に解決策のための対話を再開す
るよう促し，共同責任を自覚させるか，または自身が介入する．問題が
起きたとき，事態の悪化を防ぐには衝突を解決するための手段が必要だ．
また，対立における自分の関与を顧みるための，専門家からの指導によ
るリーダーの内省が必要となる．問題の悪化の度合いが一定の段階に達
してしまった場合は，専門家の意見を取り入れるべきである．

　人と人との衝突を上手に調整することは，勝者と敗者を作らず，話し
合いによって新しい「理性」を生み出すことといえる．そうすることに
よって，問題が起きて対立していた関係者とも，良好な関係を維持する
ことができる．このとき，責任のなすりあいではなく，解決に向けて，仲

間を巻き込んだコミュニケーションの枠組み内で相互理解を形成することがポイントである（4.1節を参照）.

　組織のメンバー同士の衝突は，多くのエネルギーを浪費し，仕事の成果と品質にも悪影響を与える. リーダーは部下の自尊心を傷つけたり，しこりが残ったりしないように注意して，自分自身または適切なコーチや調停者のアドバイスによって，考え方を新たに見つめ直すべく，内省して対立の解決を図らなければならない. 外部の調停者によって定期的にチームをケアすることは，対立を防止したり，対立を悪化させないための手段である.

　調停者を入れることは，切迫した今起こっている衝突と長年組織にある対立の両方に効果的である.

　リーダーは，対立や衝突の発生と解決に関して，特に敏感であるべきだ. ニューオーソリティの考え方を身につけて，チームの心を一つにできるように，適時に介入し，矛盾のない埋め合わせができるように配慮することが必要である.

（7）　協力：リーダー同士のネットワーク

　最低限のヒエラルキー（上下の関係）がなくては組織は機能しないと考える人がいるかもしれない. 同様に，チームはリーダーを必要としている. つまり，決定を下してくれる誰かを必要とする. 昨今，ヒエラルキーがフラットになっていく傾向は顕著であるが，多くの場合，チームの最適な先導人数（12人）を超えている. 先導する人数が多すぎる場合（60人）は，リーダーの影響が弱くなる. こうなると，ニューオーソリティは発揮できないか，または限定的に発揮することになる. 特にリーダー同士が相互に協力しない場合は，ニューオーソリティの働きかけは小さくなる. バウマン－ハバーザックは，「リーダーは相互に競合し合い，戦術的

な理由から対立するか協働で作業を行うこともある」とも言っている
(Baumann-Habersack, 2015).

　ハイム・オマーとフォン・シュリッペは,「従来のオーソリティとは異
なり,ニューオーソリティを身につけていると,部下を支配する孤独な
リーダーだとは見なさず,相互の支えによって心の強さと正当性を生み
出す作業共同体のメンバーだと考えている」と述べている.

　他のリーダーと協力できるリーダーは,自分の何倍もの力を活用でき
る.部門や組織を超えて信頼できる枠組みを創り出すために,精神的な
安定と周囲からの支援を生み出すことができる.同等な職位のリーダー
同士の協力体制は,まだ普及しているとはいえないが,ニューオーソリ
ティの要素を実行しているリーダーもすでに存在することは確かである.

　ラインマネージャー(部門を統括する管理者)もニューオーソリティの
考え方である協力体制をもつべきであり,部下であるグループリーダー
を支援しなければ,組織が弱体化する原因となってしまう.「上司から無
視された」,または「上司から巧みに回避された」という感情が生まれる
と,部下が面子を失い,さまざまな衝突が生じ,解決は非常に難しくな
る.部下への支援は,社長であれラインマネージャーであれ,上から下
に向かって重力のように働き,協力体制を強固にする.これによって,上
に立つ者は名声と品位を,メンバーは安心を獲得する.ニューオーソリ
ティによって,一緒に前進しようとするエネルギーが生まれ,一体感の
あるチームに発展するチャンスが生じる.信頼,創造性,チームワーク,
変化に対する準備,学びへの意思などの心理的な要素である気持ちが前
向きになるという効果も期待できるだろう(表3.1).

　**協力は何よりも重要である.リーダー同士が協力して部下を支援
することで,組織に一体感が生まれる.**

表3.1　これからのリーダーのあり方

	権威を行使する旧来型リーダー	ニューオーソリティを身につけたリーダー
関係性	心理的な距離を置く	相談しやすいよう心の距離を縮める
情報	自分だけで支配する	共有し，透明性を重んじる
時間の捉え方	短時間で感情的に判断する	粘り強く向き合う
態度	上司の意向のみに従わせて権力を行使する	毅然とした態度で接する
内省	自分ですべてを解決することをよしとして，人に意見を聞く人を弱いものとする	自分の専門外は内省し，自己意識の改革をする．もしくは専門家の意見を取り入れる
対処	一方的に当事者を制裁する	責任のなすり合いなど衝突が起きないように統制し，職場環境を整える
協力	競合し，対立する	協力を重んじる

訳注）　表3.1はドイツ語の直訳では意味がわかりづらい点について，原著者から直接指導を受けた監訳者が構成し直したものです．

プラトンの美徳：Platonishe Grundtugenden

　文系ギムナジウム（訳注：ドイツにおける10〜19歳までの教育機関）の学生は勉強しているかもしれないが，それ以外ではすっかり忘れられつつあるプラトンの美徳（Grundtugenden（枢要徳）：古代ギリシャ以来の西洋の中心的な4つの徳目のこと）を紹介する．ここには，ニューオーソリティの要素に合致する多くのことがある．

・知恵（prudentia）

・正義（justitia）

・自己の信念を主張する勇気（fortitudo）

・節制（temperantia）

　以下にドイツの哲学者，ヨーゼフ・ピーパーの言葉を紹介する．懸命さあるいは英知を最優先にすべし，と主張する同氏の説には，社会的秩序を築くためのリーダーの美点が表現されている．

　「賢明さこそ，公平さ，勇気，節度といったその他すべての優れた美徳の産みの母であり，その基礎である．すなわち賢明な者だけが，正しく，勇気があり，節度をもつことができる．よい人間とは，その賢明さに基づいているのだ」(Josep Pieper, 1998)．

第4章

ニューオーソリティの
基盤となる考え方

　ニューオーソリティの考え方を理解しようとするとき，明確な決意をすることが必要となる．旧来型のオーソリティと違い，従順な部下に命令を下せば済むわけではないので，より精緻な将来の見通し，状況の変化を察知する洞察力が求められるからだ．自分自身の内面を振り返り，信念をもち，部下に対して心配りをするという決意も必要だ．

　リーダーは内省することで，自己制御能力と自律能力を獲得することが必要となる．リーダーはこれらを用いて，組織改革を始めることができる．ニューオーソリティはあらゆる組織の万能薬ではない．時代の変化に対応した新しい考え方であり，また人の心や社会を進化させる大きな文化と捉えることもできる．

　ニューオーソリティの考え方を取り入れたリーダーシップを実施すれば，将来にわたって財産となる企業文化となり，協力体制があり，人を尊重できる強い組織になることは間違いない．

　さあ，迷わずにすぐに始めよう．まずはじめに，ニューオーソリティを身につけるため必要な基礎になる3つの要素，解決志向の指導的コミュニケーション，システム思考，そして内省について説明する（**図4.1**）．

図4.1　ニューオーソリティの発展領域

4.1 解決志向の指導的コミュニケーション

(1) 問題について話す

すべてがうまく進み，メンバーも協力できている間は，チームを指導するのは楽しい仕事である．しかし，失敗，不満，ミス，職場の摩擦などの問題が起きたときには，どうすればよいのか？　どのようなコミュニケーションがこの困難な状況で意義があるのか？　どのような解決策の進め方が適切で，効果的なのか？

一般的に，リーダーは自身を問題解決者であると自覚している．そのため，その関心の大部分を問題に向け，できるだけ早く問題を認識し，それを解決に導くことに大量のエネルギーを使う．彼らは問題解決の際，当然問題を念入りに分析することに力を入れる．その度合いに比例して，問題とその原因についての思考を中心に関係者との会話が繰り広げられ，会社の日常の中で多くの話し合いの場と時間とエネルギーを消耗してしまう．これでは，多くの企業内で「この会社ではどこを見ても問題ばかりだ」という感覚があふれ，意気消沈した雰囲気が社内に蔓延してしまう．

以下のような経験をしている人も少なくないだろう．リーダーが会議を開き，「残念ながら，最近ミスの発生率が随分と高くなった．君たちに原因があるのだから，大人として客観的にこの問題について話し合おう」と宣言する．会議に参加した人々全員がそれらの問題を解決するつもりであっても，結果は失敗となることが多い．このような会話では，数分後には全員の気持ちが離れ，会議から去るか，去らないまでも聞く気がない，という状態に終わってしまう可能性もある．問題の解決策を見つけることはもちろんできず，これから先この問題に触れることも難しくなる．

何が起きたのか？　参加者は「地雷原」に入り込んだのだろうか？　答えは「はい，確実に地雷原に入り込んだ」だ．いつもリスクは会話の初期段階に潜んでいるのだ．

　部下を地雷原に迷い込ませてしまうリスクは，主として質問の形で出現する．なぜ私たちはこの問題を抱えているのだろう？　このような形で問題の原因を質問することは危険なことであり，よくない結果につながることが多い．リーダーは問題の原因を探す場合，名アナウンサーのような司会のテクニックがあったとしても，会話に対するコントロールを失ってしまう．

　個人に対して原因追究をし続けると，会話が責任転嫁ばかりになり，個々のチームメンバーが「自分の責任にされ，侮辱された」と感じることを防ぐことはできなくなるのだ．彼らは通常侮辱に対して，反撃，拒否，防衛，退却で反応する．会話が問題の悪循環の中に入ってしまうと，心理的な要素はあっという間にマイナスの方向に陥り，人の心を扱う心理面の要素，信頼と相互支援と創造力は瞬時に消えてしまう．

　このような個人に対する原因追究は，変えられない過去を掘り下げて人を攻撃するばかりの後ろ向きの会話となって行き詰まり，会議の雰囲気はがらりと悪くなる．そして，解決策はもはや見えず，まったく創造的ではなくなる．「ブレインストーミング（Brain storming）」に代わり「ブレームストーミング（Blame stalming，犯人探しの会議）」が始まる．このような会議では全員が幻滅する．このような状況では，問題はもはや建設的に取り扱えない．関係者やメンバーから非常に多くのエネルギーを奪うため，ストレスを貯めこんでしまう（**図4.2**）．

　どれだけのエネルギーがこのような問題解決のための会話で失われるか，読者も容易に推測できるだろう．

　私は従来の組織内で問題解決するための方法は，かなり非効率だったと思う．一般に，人が問題について話すとき，必然的に責任転嫁が発生するということを覚えておいてほしい．起きた問題について話し合うときは，議論が悪循環になってないか，細心の注意を払う必要がある．

　図4.2のように見た場合，この問題の悪循環は下方向への渦巻き曲線となってしまう．

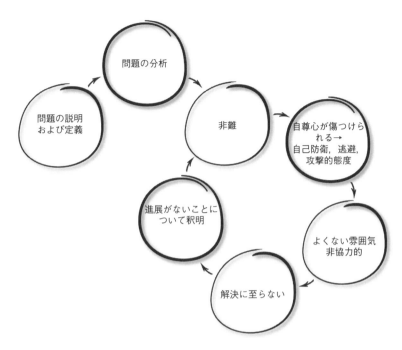

図4.2　分析は麻痺させる―問題の悪循環―

　それではどのようにすれば，悪循環にならずに問題解決に取り組むことができるのか？　答えは「解決志向のコミュニケーション」にある．その特徴は，**過去については掘り下げず，現状とそれをどう受け止めているかという感情にポイントを置く**ことである．過去はもはや変えられない，すでに歴史である．あったことはあったこととして，ピリオドを打とう．これに対して，未来は変えることができ，それは大きな可能性をもっており，人によって自由自在に形づくることができる．未来は，すでに失望した従業員をも「解決志向」という船に乗せてあげることができ，彼らの重要な見解を引き出すことができる．誰もがよい未来のために貢献することを望んでいる．関係者が感じ取るであろう問題の解決，環境の改善へ向けた希望を呼び起こし，モチベーションを生み出す．

　しかし，ここで疑問をもつ人もいるだろう．「問題を分析せずに済ませ

監訳者解説3　解決志向について

　解決志向は，もともと臨床心理学の心理カウンセリング技法として発展しました．短期の治療で効果のある短期療法として，アメリカでベトナム戦争の後遺症を抱える家族のケアとして広まりを見せ，1980年代に体系化されました．現在では，治療的介入はもとより，組織力を高める技法としても用いられています．

　問題を過去に掘り下げる問題思考は，機械が壊れたときなどには効果を示しますが，人の心が介入した困りごとのときは，解決志向での介入が効果的です．問題思考と解決志向は，両方身につけていると問題解決の範囲が広がります（図4.3）．

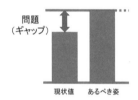

問題解決型　QC活動にも効果的

あるべき姿に到達しない，現状のギャップを埋めるため，あるべき姿にしようと士気を高める時に効果的です．

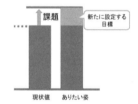

課題達成型　QC活動にも効果的

ありたい姿に到達するため，課題抽出時のアイディア出しに効果的です．

図4.3　解決志向の対応領域

注）　課題達成と問題解決は，上記のような違いを理解していない人にとっては似たような意味の言葉としてとらえていて，会話がかみ合わず，チームの想いが一つにまとまらないケースがあります．事例を参考に，想いを一つにする技を見出してください．

事例

　あるリーダーが「これからどうしたいか考えてください」と部下に伝えました．問題山積の組織であるため，部下はリーダーの目標値に到達できない理由を並べ，問題点を指摘しました（QC活動でいう問題解決型の考え方）．

リーダーは，なぜ話が前に進まないのか，と苛立ち，部下に対して「理解度が低い」とののしってしまいました．結果，チームの心が一つにまとまらなくなっていました．リーダーは，これからどこを向いて歩きたいか，とチームメンバーに問いたかったのです（QC活動でいう課題達成型の考え方）．

想いを一つにするためには，共通認識をもつことがスタートです．チームメンバーに問いかけをするとき，問題解決型の話をしているのか，課題達成型として未来をどうつくるかを話しているのか，しっかりと共通認識をもったうえで話を進めることが，組織改革にとって重要です．

（川西　由美子）

ることを試みた場合，問題を隠蔽することになるのではないか？　誰かを罰することなく，分析を放棄してもよいのだろうか？」私の答えはこうだ．**問題と解決は必ずしも互いに結びついてはいない**．問題を分析することは，技術的なシステム（機械）では有効かもしれないが，チームのように，人の問題が絡む複雑な社会的システムでは有効ではない．たとえていうなら，自動車のブレーキの故障の分析は重要であるが，人間間の摩擦を分析すると，責任転嫁が生じて状況が膠着してしまう危険性をはらんでいる（図4.4）．

関係者の注意を未来に向ければ，問題を解決しようと心が動き，より建設的に組織は動き出す．問題解決へと心が動くと，責任転嫁の形で関

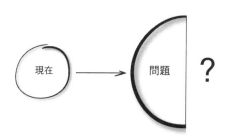

図4.4　問題の眺望

係者の感情を害するリスクを回避することができる．過去を変えること
はできないが，有益な学習経験を現在に提供すれば，私たちは未来を形
づくることができる．チームの問題解決の興味を未来に向ける解決志向
がそれに役立つ．

　解決すべき問題があるとき，リーダーはどのようなやり方で解決する
ことができるのだろうか？

　私はチームのメンバーに，現時点で認識した問題（状況面と感情面）の
リストを見える化するために作成させてみることをお奨めする（**表4.1**）．

　このとき，メンバー全員が発言し，発言したことを批判せず，話しや
すい環境をつくることが必要だ．「個人の見解・意見は大切にする」こと
がニューオーソリティのモットーである．メンバーは全員発言できるよ
うにして，リストに記入することをすすめる．

　さて次は，最も重要な問題を目標に変換することを促すステップであ
る．解決志向では，問題は「変装した」目標であって，すべての問題の
中には，実は自分たちがめざすべき目標が隠れていると考える（**表4.2**）．
こうありたい，と思うからこそ，できていないことが問題として突出し
て見えてしまうのだ．

表4.1　問題のリスト

問題
情報が遅すぎる
仕事の仕方の調和が取れていない
取り決めが守られない
共同作業が邪魔される
理解しがたい決定が下される
思っていることを言い出せずに協力体制をつくるのが難しい雰囲気がある　など

表4.2 問題を関連する目標に翻訳する

問題	対応する目標
情報が遅すぎる	適切な情報提供を行う
仕事の仕方の調和が取れていない	チームの気持ちを巻き込んだ目標に向ける
取決めが守られない	取決めを守るために状態をチェックし，フィードバックする文化をつくる
共同作業が邪魔される	柔軟な共同作業を行う
理解しがたい決定が下される	透明性が高く，納得の行く決定を下す
思っていることを言い出せずに協力体制をつくるのが難しい雰囲気がある	お互いに思いを共有でき，協力し合える雰囲気をつくる

監訳者解説4 リーダーが問題解決の対策を出すときに必要なこと

　リーダーは問題解決を急ぐあまりに対策を強行的に実施してしまう場合があります．

　その対策を導き出すまでのプロセスに集団の意見を聞いたり，取り入れたりする対話がないと，集団はとるべき対策に対し，腹落ちしないまま事態が進み，やらされている感が高まり，あたかも他人事のようにふるまってしまう場合があります．問題解決の対策には集団を巻き込み，全員が自分ごととする解決志向型の対話プロセスが大切です．

(川西　由美子)

　その場合，目標に代わって，問題の対処方法に目が向けられないように，注意が払われなければならない．

　目標は関係者の注意を未来と可能性に向けさせる．

　「未来は誰にも属さない国(Die Zukunft ist ein Land, das niemandem gehört：ドイツのことわざ)」なのだ．

（2）　対処より目標を優先

　リストアップした問題は目標に変換できる．**図4.5**の写真が示すように，この問題を文字どおりに目標から切り離すことができる．問題のリストは切り取られ，きちんとたたまれて大事に保管される．チームは，変換し，切り離した目標の部分のみを見ることで，さらによりよい未来をつくるために役立つ目標について話し合いをする．リーダーが主導しながら組織やチームに必要な目標の順位づけ，重みづけを行い，チーム全員で決めた目標に合意する．

　ここでは，チーム内で目標に関して，何のために自分たちはめざすのか，といった同意を得ることが重要である．これは時として忍耐と時間を要する．多くのチームは，今までこのような話し合いをしたことがない．彼らにとっては，このようなやり方で問題解決に臨むのは，新しいことである．したがって，この話し合いには首尾一貫したファシリテーターが必要となる．ファシリテーターは，議論の内容が向かうべき目標から逸れないように配慮する．目標から話が逸れることは，非常に非生産的である．

　まとめると以下のようになる．第一にどのような目標を設定するか納得するまでチームで話し合う．そのときに，選択された目標を実行することで，組織や関係者にどのような利益をもたらすか，必ず話し合いを

図4.5　問題のリストから目標のリストへ

する.

　第二に，目標に到達するまでの行動を考える.

　第三に，行動をリストアップし，そのときも批判はできる限り避ける.

　その後，チームは今やるべき行動についての討論へ進み，目標に向けた効果的な実行案を示すロードマップをつくり上げる.

監訳者解説 5　なぜ解決策を考えるより前に目標を決めると効果的なのか？

　哲学者ゲーテの言葉に「どこに行くかわからないのにそれより先に行けない」というものがあります.

　困りごとを発見した後，焦りや不安から皆の合意形成ができる前に対策案をリーダーが先行して出し，周囲が納得いかない方法で推し進めてしまうと，やらされ感を抱き，めざすべきところまで到達できないことがあります.

　これからのリーダーのあり方で大切なことは，仲間の気持ちをどう扱うかです.

　目標を合意のもとで決め，その目標が全員にとって必要と腹落ちされていれば，何のための対策か行動の意味がわかり，対策案が出やすくなり，前進できます.ですので，目標を合意のもと決める，というプロセスが大切なのです.

（川西　由美子）

　チームが間違った方向に行かないように「航路を守る」ためには，目標達成の障害は何かを検討するべきだ.このとき，「目標達成ができず，大失敗に終わらせるためには，私たちは何をしなければならないか，またしてはいけないか？　どうしたら私たちは私たちのプロジェクトを最も効率的に失敗させることができるか？」という，未来に向けた逆説的な質問が効果的である.これによって，事前に未来に対しての成功の戦略を発展させることができ，それによって，失敗と失望，不安が生じる

ことを防止できる．

　後戻りが発生してしまうこともあるが，前もって，例えば「どんな後戻りがあるだろうか，そして私たちはそれに対する建設的な対処法を，事前に見出すことができるだろうか？」と問いかけ，あらかじめそれを分析しておけば，後戻りの恐怖は取り除かれる．

　もし懐疑的な人がいるのであれば，彼らの話し合いの場と時間を与えることも重要である．多くの場合，懐疑的な人や疑い深い人には，他の人々がこれまで見逃していて，それこそプロジェクトを失敗させるかもしれないような何か重要なもの，もしくは不愉快なものが見えている．成果をあげたければ，それは必ず分析するべきである．普段，懐疑的な人は，煩わしいとか，それこそ邪魔だと思われるため，しばしば無視される（やれやれ，あの人はまた！）．しかし，彼らの意見は貴重で，彼らは，失敗または危険からチームを守るという重要な，しかし感謝されにくい集団内での役割をもっている．

　実施段階では，小さな一歩から始めようとチームメンバーから意見が上がっても，リーダーはそこに価値や意味を感じ，実行させることが大切である．組織の改善は小さなステップで改善していくものである（図4.6）．マイルストーンを置くことも有効である．マイルストーンはプロセスの途中の重要な点をマーキングするため，進捗管理にも役立つ．例えば次のようなフィードバックのための会話は，さらなる未来への方向づけを提供する．「これまでに何がうまくいったか，何がそれほどうまくいかなかったか？」，「将来特に何に気をつけたらよいのか？」，「これからどのように進めていくか？」

　目標を達成したときは，各個人の貢献に対してお礼を言うこと，そしてみんなで達成したことに対して，お祝いすることを忘れてはならない！

（3）　未来への橋

　解決志向の他に，人の心が関わる問題解決法にはもう1つ別の進め方

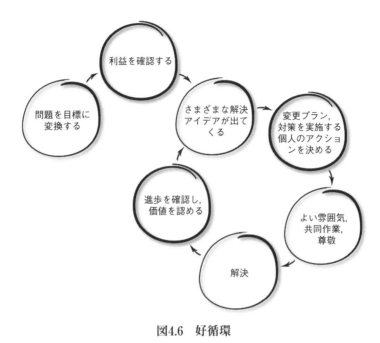

図4.6 好循環

がある．それは，短く問題を説明した後に，関係者の関心の焦点を徹底的に未来に向けさせる，つまり，現在から未来への橋を架け，共同の解決像を構築するというものである（**図4.7**）．

例：今から半年後，最適な解決策が十分効果を発揮していると想定する．そして，次の質問を投げかける．

- その未来予想図に，新しく現れるものは何か？　過去のまま残っているものは何か？
- 何が変わったか？

このとき，付箋に質問に対する回答を記入させ，続いて同じような意見をまとめてホワイトボードに張りつけるとよい．こうすることで，よい未来が現れる．現れたシーンは予想していたよりも素晴らしいものができる場合も多い．このシーンから，未来予想図の中で，今と何が同じであるか，何が変更されるべきであるかがわかる．矛盾した付箋には印

図4.7　未来への橋

をつけるが，まだ討論はしない．リーダーは，「このシーンからどのような テーマ，課題，疑問が出てきますか？」と質問し，答えをリストアップ する．このようにして，未来を志向した目標のリストが得られる．会 話の参加者に，有用性という観点から，優先順位をつけさせる．有用な 目標が見つかった場合には，「対処より目標を優先」（4.1節（2））で説明し たステップへと進む．

　図4.8は解決志向のコミュニケーションの理論を図で示している．

　人が関係するある問題が見つかったら，過去の失敗や問題の事実を確

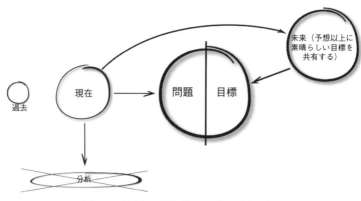

図4.8　問題は「変装した」目標である

認し，原因追及や深掘りはしない．いずれにしても，もはや変えること
はできないから，ピリオドを打つ．過去の分析は行われず，その代わり
に未来への橋が架けられ，未来の像が構築され，それは予想していたよ
りも素晴らしい．未来からの観点で問題を振り返って見ると，問題の裏
側を認識することができる―それが目標だ．

　この目標が解決へのステップの出発点となる．本書のプロセスで合意
形成してつくった目標により，メンバーの心がつながり，対策に移りや
すくなる．たとえ目標が高すぎて後戻りしたとしても，小さな問題にも
あらゆる問題に紐づけられた目標が隠れていると自覚すると，それらに
うまく取り組むことができる．目標を識別するためには，「どのような目
標が，この問題には隠れているのか？」というただ1つの質問で十分で
ある．これで関心の焦点は未来に向けられる．もちろん問題を扱ってい
るのだが，今，それは目標という名前である．なぜなぜと質問して過去

監訳者解説6　問題思考と解決志向の違いについて

　問題思考と解決志向の大きな違いは，考え方のパス＝道です．図示
すると，図4.9のようになります．

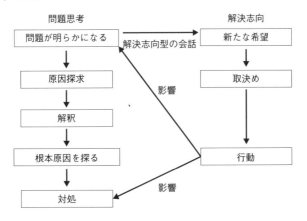

図4.9　問題思考と解決志向

　解決志向はパスが現在と未来に向いていて，問題思考は現在と過去に向いています．

　問題思考では解決できない人の心が介入している困りごとは，解決志向で考えていくと未来をつくり，気持ちを前進させることができます．

　過去に戻っても答えを見つけづらいときは，解決志向で未来をつくることを組織改善の選択としてもっていると，視野が広まったリーダーシップをとることができます．

注）　解決志向で何をどのように変化させたいか，困難から光を見出す手段として使用してください．解決志向を形だけ導入することを目的とすると，やらされている感がチームに広がってしまいます．

（川西　由美子）

を掘り下げても答えは出せないものを深掘りし続け，人の失敗ばかりを責めるやり方との決定的な違いである．

（4）　役立つ情報

　情報は情報であって，物質でもエネルギーでもない（Wiener, 1948）．

　システム思考では，情報は組織の中のキーとなる要素であるとされている．私は役立つ情報と有害な情報という2つの次元で示したい．問題解決を成功させるための，しばしば過小評価される補足部分は，役立つ情報となり得る．有害な情報は，継続的な批判，不親切，軽視，嘘，中傷から，モビング（執拗な嫌がらせ）といった毒のある情報にまでに至ることは自明である．有害な情報は，問題の解決を見出すことを困難にするか，それをまったく不可能にする．

　リーダーがメンバーから離れた高い地位にいて，関係者とのコミュニケーションが同じ目線の高さで実施されないことによっても，解決は妨げられる．

　役立つ情報は，誰かに伝えたいと思う好意の姿勢として現れ，努力と業績に対する周囲からの高い評価と，それに対する会話の中で再認識される．正直な，また信頼のおけるよいフィードバックは，緊張をほぐし，意思の疎通をよくし，寛容にし，喜んで力になるという気持ちを起こさせ，仕事での喜びを増し，共同作業を改善する．ポジティブなフィードバックは，人を内面的に成長させ，人を次のように勇気づける．「私には価値があり，何かができる―私の目から見てもそしてあなたの目から見ても」(Merl，2016)．

監訳者解説 7　ポジティブなフィードバックによる自信について

　心理学には，自己効力感という言葉があります．その意味は自分の行動に対する可能性や自信のことを示します．いわば，「私はできる」という感情です．

　自己効力感を高める要素には，他人から認めてもらうこと⇒承認と，あなたには能力があると言葉で説明されること⇒言語的な励ましがあります．

　ポジティブなフィードバックの中にこの 2 つの要素が入っていると，「私はできるんだ」という自信につながり，やってみよう，と前進する行動を起こしやすくなります．

（川西　由美子）

　残念ながら，多くのリーダーたちはこうした部分，つまりよい行いに対してのフィードバックをしないことが多い．「私が何も言わなければ，それは褒めたのだ」ということもある．これは残念なことで，もしかすると最も重要なリソースかもしれない従業員の能力や強さ，権限の発展と自覚が活用されないということになる．役立つ情報は，建設的プロセスを共同で構成しようという人々のための強さの源泉であり，リーダーが従業員に話し合いの場と時間，エネルギーを提供した場合には，リー

ダー自身にとっても強さの源泉となる．そうしたリーダーは，役立つ情報をもたらす寛大な存在として認識される．

　最後まで話をさせる，話を訊く，助けを提供する，何か批判的なことを言いたいときには許可を求めるという中で，リーダーは役立つ情報を得られる．

（5）　日常のための12のルール

　解決志向を用いた日常のコミュニケーションのための12のルールを提供する．これらはリーダーと従業員との会話や信頼関係の幅を広げるだろう．

ルール1：「なぜ」の代わりに「どのように」

「なぜ」は会話を複雑にする．「なぜ」は会話の相手に，なぜ何かが機能しないかを弁明し，説明することを強要する．そこでは解決策を考える心の余裕はほとんど生まれない．結果，共同作業を難しくし，創造性に影響を与え，モチベーションを妨げる雰囲気となる．その代わりに「どのように」と質問をすると，問題を建設的に扱うことができ，それを目標に変換することができる．「どのように」は，より説明的であり，人を非難することはない．したがって，解決策を考える心の余裕をもたらすのである．

ルール2：未来への橋

　過去は変えられないが，未来は変えられるのであるから，関心の焦点を未来に向けるべきである．人の心が関わることに対する分析は，誰かが攻撃されたと感じたり，自分が攻撃したり，撤退したりすることが避けられないため，共同作業の障害となる．そのため，理想的な解決はどう見えるのだろうか，という未来の状態をともに構想するほうがよい．

ルール3：問題は「変装した」目標である

　問題は形を変えると目標になる．リーダーは，問題を関連する目標に変換することが要求される．問題からどのような目標になり，課題が誘

導されるのか？　と考え続けることで，問題からは関心が離れる．関心が未来に向けられているため，誰も気分を害さずに，問題解決に対する創造的精神を発揮できる，という利点が生じる．一般に，人はよい未来のために喜んで貢献する生き物である．

ルール4：対処より目標を優先

この順番が大事である！　目標がまず明確であれば，対処に対してもチームの力が向きやすくなる．

ルール5：利益に注意する

仲間と決めた目標を達成することは，すべての関係者に利益をもたらすはずである．しかし，周囲の意見を受け入れなかったり，邪魔をしたりする人がいるが，それは驚くに足らないことだ．その人をやる気がある人と同様に，公正に仲間として扱うことが重要である．

ルール6：否定的な人をも巻き込む

「私たちはうまくいかないようにするには何をしなければならず，または何をしてはいけないのか？」この逆説的な問いかけによって，時にはわざとらしいポジティブ・シンキングよりも，はるかに速く成功への戦略にたどり着ける．この方法には，懐疑的な人，疑い深い人，ぶち壊し屋を引き込む力がある．あらゆるネガティブなもの，障害となるもの，困難なものがリストアップされれば，それをポジティブなものへと覆すことができるからである．すなわち，ネガティブな思考の中に，ポジティブな力が入っているということだ．

ルール7：うまくいったことを思い出す

うまくいったことについての質問は，しばしば解決の最初の手がかりを含んでおり，議論の焦点を，強み，成果，リソースに向けることができる．これまでに常にすべてがうまくいかなかったというわけではない．どの人も，どのチームも，どの組織も，サクセス・ストーリーをもっているはずだから．

ルール8：後戻りは成功の助けになる情報と見なす

　目標に向かう途上では，残念ながら後戻りややり直しはつきものである．しかし，そのためにやる気をなくすか，もしくは成功の助けとなる情報と見なすかはその人次第である．何がうまくいかないのか，何が見逃されたのか，何に必ず注意しなければならないのか，現在のどの事象に関連づけなければならないのか．これらは，目標達成を最適な戦略で続けることができるという考え方につながる．

ルール9：よいものに焦点を当てたフィードバックをする

　「私が何も言わなければ，それは褒めたのだ」．この態度ではモチベーションはすぐに萎えてしまう．しかし，リーダーが仲間によいフィードバックを行えば，よい関係が成立する．そのようなグループでは，仕事をし，また新しいことに目を向けることが楽しくなる．さらにこれに加えて，焦点を向ける範囲が広くなる．できていないことの原因により多く関心を払うと，批判がコミュニケーションを支配してしまう．強みと進歩に注目すると，グループ内の成長と，目標達成への貢献へと関心が向くようになる．リラックスし，また目標を全員参加で達成しようと気持ちが高まる．

ルール10：進歩に注目する

　進歩の兆候に注目しだすと，突然，人はゴールの方向を指すあらゆる変化に自ら気づけるようになる．リーダーが，参加者がどのようにして目標を達成するかに興味を向けていると従業員が知ると，モチベーションは上がり，常に目標は目の前に見えるようになる．

ルール11：最新のポジティブな成長を認識し，価値を認める！

　たとえ小さな変化でも，価値ある一歩であり，成功への近道である．非常に大きな変化の過程も，小さなステップに分割することができる．リーダーは，しばしば大きな進歩に価値を置く．望まれる変化がすぐに現れないことへの焦りを感じてしまう．変化のプロセスでは，芽を出し始めた小さな植物に対するような注意が求められる．小さな変化への注意を

怠らず，上手に世話をすれば，それが後に大きな木となる．

ルール12：成果を祝う！

成果にはお祝いが欠かせない．目標達成に寄与した全員に，当然感謝と高い評価が与えられるべきであるが，しばしば忘れられる．しかしこれは評価のためのよいチャンスであるだけでなく，よい雰囲気を維持し，また将来の挑戦を有利にする好機である．

> 人に関しての問題の分析はしない，誰の責任なのかを探さない，論争もしくは侮辱はしない．解決志向のコミュニケーションはこのようにして機能する．日常でも同様である．解決志向は，リーダーが広めるよい雰囲気によって，リーダーの存在を価値あるものにして，チーム内の環境改善を可能にする．

（6）質問で導く－訊く－

賢い返答を望むならば，分別のある質問をしなければならない．

J. W. v. ゲーテ

多くのリーダーは，質問をほとんどしないという間違いを犯す．彼らは多かれ少なかれ長い演説を通して従業員に「伝えること」を試みる．彼らはこのとき，従業員に理解されるだけでなく，納得されるであろうと期待する．この場合，途切れることのない5分間の演説は，聴衆の一部からは攻撃と受け取られる．

この対処策は，リーダーの演説は短くすること，すなわち要点を絞り，そして質問をすることだ．質問は情報を得るためだけではなく，情報をつくり出すことにも役立つ．ニューオーソリティを備えたリーダーは，さまざまな従業員の頭の中にある問題解決の知識を，質問を介して動員し，調整することができる．価値創造は，特に分散されている大量の知識を

うまく抽出し，新しく結びつけ，意外な解決のために利用可能にすることで生まれる．適切な質問が適時に行われることは，物事を別の観点から見ること，そして行動の方向づけのために新しいきっかけを得ることに弾みをつける．

　よい聞き手であるリーダーは，多くの場合よい質問をすることができる．相手がいくつかの点では自分と一致しない場合でも，質問により彼らの心の中を理解することができる．

監訳者解説 8　リーダーの「きく」姿勢について

　日本語の「きく」には，「聞く」，「聴く」，「訊く」の 3 つの漢字がありますが，本書のニュアンスは「訊く」を示しています．

　質問をしながら訊いていくことにより，リーダーは相手の心の内がわかり，話し手の考えが整理されます．

（川西　由美子）

　このとき，暗示的な質問（あなたも○○という意見ではないですか？）は避ける．暗示的な質問は，会話の相手が自由に自身の意見を述べず，その代わりに，質問者の意見について考えなければならないということにつながるためである．このようにして，常に相手が言葉の裏を探ってしまうのと同様に，意図せずに相手の考える余地をも狭めている．

　目標についての質問は，行動の方向づけをするためのコミュニケーションにおいて，とても重要である．何が達成されなければならないのか？私たちはどこへ行きたいのか？　目標については，絶対に見失ってはならない，そしてそれでも方向を失ってしまった場合には，新たに質問し直さなければならない．

　解決策を検討するときに，どうなればよい解決といえるのかの基準について質問するとよい．「どこでよい解決とわかるのでしょうか？」この質問によって，解決策を構成する要素に気づくことができる．また，利

益について質問することも，しばしば有益である．「目標を達成したら，誰に，何がもたらされますか？」また，逆説的な質問でも，おもしろい解決の糸口を見つけられるかもしれない．「どうしたらこの問題をもっと困難にすることができるでしょうか？」

よい質問をするという技能は，柔軟性が求められ，また指導の効果を高めるのに不可欠であり，ニューオーソリティの考え方を用い，マネジメントを発展させることができる．一方で，沈黙の時間も必要である．よい会話の場合でも，会話の相手が何か新しいことを思いついたために，考え込むというような状況が生じるためである．より速やかに核心に迫るために，圧力を加えること，遮ること，矢継ぎ早に質問をして期待している答えを出させようとすることは，非生産的だろう．

（7） 非暴力的なコミュニケーション

多くのリーダーは，暴力的と格づけされる話し方はしないだろうが，時として彼らの言葉が相手の心を傷つけたり，気分を損ねたりすることはある．「元気になる言葉，感情と欲求についての言葉を話すことを教える代わりに，批判，道徳的な評価，分析と診断に関する言葉が教えられる」（Rosenberg, 2016）．どのようにしてこれから離れることができるかを，ローゼンベルクは，彼の非暴力的なコミュニケーションで示している．彼はそれを思いやりのコミュニケーションと名づけ，以下の基本原則を挙げている．

- 観察したことを伝える：この場合は伝えることが重要で，評価はしない．
- 自分の感情を伝える：感情を認識し，表現する．
- 欲求を認識する：私たちの感情の裏側の欲求を認識する．
- 願望を述べる：他人に，私たちの生活の質を改善する何かをお願いする．

非暴力的なコミュニケーションは，評価，批判，診断と解釈による相

手への侮辱を回避できる．このやり方を通して会話の相手に思いやりを
こめて対応していることが伝わる．この方法によって，穏やかな会話が
でき，その結果関係者にとって新しい可能性が生まれる．

（8） 対立の解決

　グループ内の対立は，多くの労力を奪い，またグループ内の環境改善
を阻害してしまう．ニューオーソリティには，対立の調整能力も含まれ
る．基本的に，リーダーが従業員間の対立の解決を自分で行うか，また
は中立的な調停者を招くかを決定するべきである．後者の場合，このプ
ロセスにリーダーが参加するべきかそうでないかは，従業員の間で慎重
に検討されるべきである．

　しばしばリーダーの慎重な配慮を要する事案に対して，ローゼンベル
クは，対立の打開策もしくは妥協案について考えるのではなく，当事者
双方の希望を見出し，その後に初めてその要求を満足させるポイントを
探すことを提案している（Rosenberg, 2016）．ローゼンベルクは，人が
欲求を制限されたと感じるところであれば，どこでも対立が発生する，と
考えている．ローゼンベルクにとって，対立して解決するゴールは，妥
協ではなく，その根源となった当事者の満足度である．このためにロー
ゼンベルクは以下の方法を伝えている．

　「まずは対立の当事者たちの間の人間的なつながりをつくることから始
める．次に，両方の当事者に，それぞれの要求を余すことなく述べる機
会を与え，また彼らがそれぞれ他方の当事者の要求を注意深く聞く機会
を設ける．全員の要求が共有できたら，リーダーはそれらの実行可能な
プランをただちに提案する．

　私たちは対立を評価したり，分析したりすることは避け，それに代わ
って要求に焦点を当てるべきである．

　すべての要求が相互に聞き取られた後に初めて，私たちは解決段階に
と進む．このとき実現可能な要求を，ポジティブな言葉で表現する．さ

らに，会話の中で相手の主訴を注意深く訊き出し，必要であれば，それに共感をし，会話を現在と未来へと進め，必要なところでは，中断し，前に戻る．

これらの方法で，長引く対立を，双方が満足するように解決することができる．対立中の当事者たちが，それぞれ何を観察し，感じ，必要とし，また欲するかを，完全に述べる機会があれば，そして対立する相手のそれぞれが，共感を示せたら，通常は解決方法が見出せる」(Rosenberg, 2016)．

共感は，他人の経験に尊敬の念をもって向き合い，理解することを意味する．逆に，よかれと思って与える助言や，教育的指導であっても，評価してしまうことは共感によるよい感情を制限してしまう．

すべてが試され，それでも何も助けにならないとき，または危険が迫っているときには，最後の逃げ道として，リーダーの責任をもった決定が残る．目的は，傷つけることや不公平を阻止することであるが，罰を与えることではない(Rosenberg, 2016)．

「対立を関係者が満足するように解決するために必要とされるのは，非常に大きな忍耐，人間的な結びつきをつくり出す心構えがあること，解決を見つけるまで非暴力のコミュニケーションの原理に従う決意をもち，このプロセスに効果があると信じることがすべてである」(Rosenberg, 2016)．

（9） 余談：許す

弱い者は許すことができない．許すということは強い者の証だ．

マハトマ・ガンジー

根本的な問題解決のためには，許すこと，もしくは容赦することが必

要であるが，罪人への寛大な免罪が，誤解され，ある程度尊大な印象を与えることになってしまうかもしれない．

　誰かを許すことは，心のバランスが悪い状態を修復するために，自分から均衡をつくることである．許すことは心の内部プロセスに関わることである．プロセスはある程度の時間とエネルギーを必要とし，またそれが再び関係性を適切にする．対立のシステムが解決されず，心のバランスが悪い状態が残ることは，わだかまりが，しばしば何年も，何十年にもなることを意味する．これを解決するには多くのエネルギーを要する．許すこととは，復讐の循環から離れ，前を向いた決断によって，許しへの道へと方向転換することである．その結果はよい関係の継続でもあるが，終局でもありうる．よい意味での解散ということである．許すことのプロセスが成果をもって終結すると，前を向き，お互い自発的に動いていくことができる（図4.10）．

　ラスキンによれば，新しい科学領域である許しの研究の結果は，許す

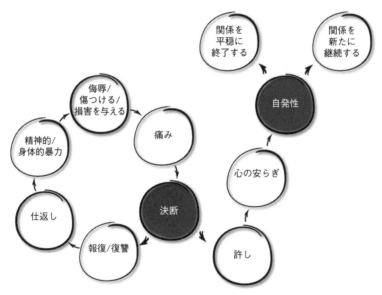

図4.10　復讐の循環（左）と許しへの道（右）

ことが人を精神的，感情的，精神的に，そして身体的にも，ポジティブ
に変化させることを明確に証明している．「許すことは鬱病を改善し，人
に希望をもたせ，怒りを抑制し，精神的な連帯と，自信を強めることが
わかった」(Luskin, 2003).

4.2　システム思考

　人間関係を考慮しない原因と結果との関係性は，組織を「一般的な機
械」のように制御することができる(von Foerster, 1988)，という考え
方があるが，これは，組織運営には人間関係が大切な要素になる，とい
う，ニューオーソリティの考え方からはほど遠いものである．一方，シ
ステム思考を取り入れることは，リーダーにとって有益で，自身の影響
範囲と限界がわかり，思考と行動をコントロールできる．リーダーが関
心を，人間の相互効果(循環性)の観察にまで広げられれば，組織内の人
間関係がもつ力を深く理解できるようになり，リーダーの可能性をさら
に広げられるからである(表4.3).

　コーチング中に，私がリーダーに，あなたの組織で最初に変えたいこ
とは何ですか，と質問すると，ほとんどいつでも人間関係，という答え
が返ってくる．詳しく聞くと，次のようなテーマについて訴える．

- 共同作業での問題(相互間，または職位を超えても)
- コミュニケーションでの摩擦
- 未解決で突発的，または慢性的対立
- 職場の悪環境
- 部門間の壁
- 学習と変更に対する個々の心構えの不足

すなわちリーダーは，狭義の経営的な問題ではなく，人間関係につい
て問題視していた．では，どうすればこのような問題への回答を得るこ
とができるのか？

表4.3 人間関係についての機械的な考え方vsシステム思考的な考え方

機械的な考え方	システム思考的な考え方
平凡な機械としての世界	生きているシステムとしての世界
原則的な予測可能性	原則的な予測不可能性
直線的な因果関係(個別責任)	環状の因果関係(共同責任)
全体から部分へ	部分から全体へ
主体は自律的/客体は他律的	主体/客体は相互作用
客観性―時間を超越した真実	客観性＝錯覚もあり得る
正しい/真実：時間超越，脈絡から独立	脈絡依存：有用性
人の心を取り扱わない	人の心を取り扱う
合理性(感情の排除)	感情性＝重要な観点
客観的な現実	多くの主観的な現実

Simon, 1997

　私の意見では，システム理論によって，人の共生と仕事のダイナミズムについての建設的な出発点を見つけられる．それは人と人の相互作用，すなわち人間の間で生じること，人間関係に集中する．

（1）　人は自分を制御させない

　ベルリン・フィルハーモニー楽団の第一バイオリン奏者は，カラヤンが何を指揮したか，という質問にこう答えた．「彼が何を指揮したかを私は言うことはできません，私たちが何を演奏したかを知っているだけです．」

F. B. ジーモン

　システム理論は，社会的システム(人，チーム，組織)内で，リーダーにとって意味のある現象について，生きているシステム(人，チーム，組織)と技術的システム(機械)という観点から解説するものである．技術的システムに対しては，介入し，プログラムを作り，必要であれば修理す

ることができるが，生きているシステムに対してはできない．なぜなら人は感情や思考がそれぞれ違い，すべて同じアプローチで影響を与えることはできないからである．リーダーからの指示に対して，人はその内部の構造，すなわち個人の気持ちによって，それぞれ個別のプログラムを使って反応する．つまり完全に自律している．リーダーの制御に対して，どのように人は反応するのか．高度に予測不可能なことが結果として生じる．社会的システムの制御は，船を多少なりともうまく操舵したり，加速・減速するといった，目的地への航路を巡る船長のイメージには，残念ながら当てはまらない．

　生身の人間を扱う，生きているシステム（人，チーム，組織）が，リーダーの管理に対し，心を閉ざして機能していないということは，すなわちジーモンによるところの，「外界に対して完全に心の扉を閉ざしたユニットとなり，自己保存と自己最善化という部分最適なゴールに向かってしまう」(Simon, 2006, 本書4.2節(5)も参照してほしい)．管理や制御することのみが，リーダーの仕事だと思っている人は，生きているシステム（人，チーム，組織）は部分最適なゴールに向かってしまうこともあると知ったとき，とても不愉快な思いを抱くだろう．リーダーシップをまったく履行できないことに対して，リーダーは報酬を支払われるのだろうか？　まったく果たすことができない責任が，リーダーに委ねられるのか？

　厳密にいえば，リーダーがどのようにコミュニケーションを形成するか，どこに関心の焦点を向けさせるかによって，関係性は決まる．リーダーと従業員とが，両者にとってやりがいのある「目標を掲げる」ことで，彼らは組織の運命に影響を与える，と私は考える．そうなれば，リーダーはそのために話し合いの場と時間とそのエネルギーを，効率的に提供することができるだろう．私はまさしくこれを，ニューオーソリティによる指導と理解している．

（2）　集団は自ずから組織化される

　1つのチームがつくられると，時間とともにその中に対立関係が生じる．人々は集団の中で特定の役割を受けもつ．保守者と改革者，能力重視と関係性重視，概観と詳細（鳥の目と虫の目），専門家と万能家，加速者と減速者などの役割は，リーダーからの影響を受けずに形成される．理想的な場合，この対立者たちは，相互に価値のある刺激を与え，最悪の場合には，激しく争う．リーダーにとってはこのダイナミズムを知り，望ましくない状態を回避するために，集団の社会的システムを理解することが重要である．解決志向のコミュニケーションは，リーダーがすべての対立者と，集団の中の矛盾とに，建設的につき合うことを容易にする．

　成果をあげるチームの場合でも，安定傾向はしばしば固着につながり，集団は硬直する危険におびやかされる．リーダーの課題は，この集団が停止するか，もしくは危機に陥る前に，再び稼動させることにある．また，危機は事態を分析し，考え直すきっかけとなり，それは新しいチャンスとなる．これを利用することを知っていれば，否応なくさらなる発展へとつながる．

（3）　秩　序

　社会的システム内部の関係を成功させるための基本的条件は，秩序である．これは第一にグループの共同作業を確固とした軌道へ乗せるルールを意味する．すべての長期間にわたる関係は，共通の予想，基準，確信またタブーを発展させ，それに対して全員が義務づけられる．このようにして関係から秩序という構造をもつシステムになる(Weber, 1993).

（4）　社会的システムの原理

　ヴェーバー(Weber, 1998)は，リーダーの日常において重要な示唆を，彼の原理の中で提供している．

①　所属する義務

経営者や管理者は従業員を大切にし，また援助する．従業員は組織に対して忠実であり，その目標のために積極的に働く．両者のうちの一方がこの義務を軽々しく扱った場合，特に経営者や管理者側が従業員に義務を果たさない場合，信頼関係やモチベーションなどへの悪影響が出る．

② **ギブ・アンド・テイク**

組織内には，誰が誰に何かを与えた，または与えなかったという，内部の会計口座のようなものが存在する（Boszormenyi-Nagy, 1981）．ギブ・アンド・テイクによって，グループ内のすべての従業員に口座が開設され，借方と貸方が対比される．

全関係者の口座残高は，心のバランスに影響を及ぼし，長期目線で見ることができない人は，すぐに対価が支払われてバランスを取り戻せると思い込んでしまう．しかし，すべての対価がすぐに支払われるわけではなく，すべてのよい行為，もしくは悪い行為が，すぐに報われたり罰されたりするわけではない．関係の中で常に借方と貸方が決算され，負債の限界が決められ，請求される（Simon et al., 1992）．

③ **より長くいるものは優先される**

同じ地位の人の場合，前からいた者は年長者の権利をもつ．このことは，後から加わった者から認められなければならない．しかしより高い地位の人が優先される場合でも，より以前からいた従業員をその経験とその業績の価値で認めることは，高いポジションにいる彼らにとっても有益である．「新しい箒ではきれいに掃除はできない.」

④ **経営陣は優先される**

経営陣はその業績によって彼らが十分に評価されることに対して，従業員に正しく理解してもらえるようにしなければならない．こうして経営陣はオーソリティをもち，またその地位が尊重される．「私たちは皆同等」という神話は，不安と関係の摩擦を助長する．

⑤ **業績は認められなければならない**

同じようなポジション，同じ給与の従業員のうちの何人かが，組織の

成功とさらなる発展に関わる特別な資格をもっていたり特別な能力がある場合，彼らはその貢献に対して特別な評価と奨励を必要とする．

⑥　去る者と残る者

　組織が必要とし，職場内の機能を満たす者は，誰でも残ることができる．退職しなければならないのは，往々にして，職場内の他者を継続的に，あるいは容赦なく傷つけた者である．何らかの形でその調整がうまく行かずに退職した従業員は，物理的にもはやそこにはいないのにもかかわらず，職場内にその影響を残す．該当者が組織から離れる際に，残った人々はうまく先へと進み，該当者も次の職場をうまく見つけることができるように，組織にとっても該当者にとっても，離別が良好な合意の下で，また相互に敬意をもって実行されることが重要である．

⑦　組織は課題に向き合う集団である

　目標を視界から完全に失ってしまったり，リーダーがとっくに下していなければならない決定を，まだ下していない作業グループがあると，従業員は，自分自身のことや人間関係の問題で忙しくするか，「組織の上層部」と「組織の状況」について不満を抱く．

⑧　組織の中では，すでに存在しているものや長い間信頼されてきたものがその価値を称えられないと，新しいアイデアを押し通すことは難しい

　まずは存在するものを承認，評価し，長い間信頼されていた古いやり方を自分の考えや計画に取り替えようと無理強いしないことが望ましい．新しいリーダーは，まずは職場をよく知り，何が職場内で有効であるかを見極めてから入り込む心構えが必要である．

（5）　エコロジーと組織の人間関係

　すでに触れたように，チーム内では盛んなギブ・アンド・テイクが行われ，すべての関係者の心のバランスに影響を与える．もし誰かが助けを求め，サポートを受けてもその借りが返されなければ，関係性はぎく

しゃくしてしまう．一方，貸してもすぐに返せるように努力をして口座
の均衡をつくり出すことができた場合には，両者の側に満足のいくよう
な関係が形成される．そうでない場合は心のバランスが崩れ，関係性が
ぎくしゃくしてしまう．心のバランスの関係は借りたら返すという埋め
合わせによって初めて元に戻る．

　グラフ上に線で人の相互関係を記すと，世界に生きているすべての人
が相互に結ばれていることがわかる（図4.11）．人は生きるためにこのネ
ットワークから必要なものを取り，またこのネットワーク内に他の人が
必要とするものを提供するという，広大なバザーのような混沌とした恒
常的なマーケットが開催される．ハリー・メールは，これをエコロジー
と名づけ，そこに適応するための相互支援や環境改善を行うべきとして
いる（Merl, 2006）．

　エコロジーとは，さまざまな生物が共通の空間で共存する際，与えら
れたリソースを使い，場合によっては新しくつくり出すという相互支援
や環境改善を説明する，50年前から存在する概念である（Odum, 1980）．
リーダーにとってこれは，関係の多様さと，個々人が必要とする立場を

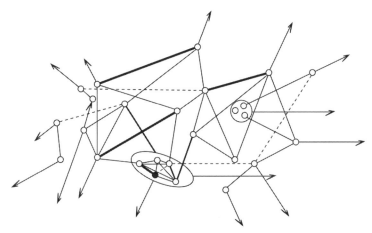

Merl, 2017

図4.11　人のネットワーク

認識しなければならないことを意味する.

　その際，誰もが生きるため，そして自分が発展するために個人的な要求をする. それに加えて，生活空間内に提供されているものがそれぞれの人物の生活によいものか悪いものか，絶え間なく認知することが加わる. このプロセスは個人的なエコロジーをつくり出す. すべての従業員，すべてのリーダーは，常に彼/彼らの個人的なエコロジーを用いて行動していることを頭に留め置かなければならない.

　チームのエコロジーの質が高いと，「私は喜んで仕事をしている. 私の仕事は認めてもらえ，価値が評価され，公正に扱われている. そして，チーム内の環境改善を感じることができるので満足だ」と考えるようになる. エコロジーの質が低いと，必ず攻撃，摩擦，モビング（執拗な嫌がらせ）などのチーム内の妨害が起こり，その結果うつ状態やバーンアウトにまで至る. エコロジーは常に未来にも影響を与える. これは重要な要素である適応能力においても見られ，ハリー・メールがあげているように，「適応能力が先天的に高い人は，負荷により長く耐えることができ，またよりうまく処理することができるため，適応能力が低い人より，好ましくない環境内で活動できる. しかし，適応能力が高いにもかかわらず，急な外部の影響による慢性的な負荷の増加が，適応能力に影響して，心身の障害につながることもある」(Merl, 2006).

　この理由から，リーダーにとっては，エコロジーの状態に対する感覚器を発展させることは有用で，それは個々のエコロジーに対してだけではなく，それぞれのチーム，そして組織全体のエコロジーに対してでもある.

　　エコロジー（相互支援や環境改善）は，人とチームの健康，作業能力についての重要な尺度である. ニューオーソリティの考え方を身につけたリーダーは，その指導の中で常にエコロジーを考慮し，また「指導される者」の適応力を計算に入れる必要がある.

（6） 社会的システムのまとめ

- リーダーの操作を受けつけず，条件でのみ制御可能である.
- 制御しようとする刺激に対して，そのシステム独自の構造によって反応する.
- 銀行の決算のように自律的に貸し借りをして，人間関係を調整する.
- 貸借のバランスをとるように人間関係を調整する.
- エコロジーを最適化しようとする.

（7） 付論：階級別ポジションモデル

ラウル・シンドラーによれば，すべてのチームは正式な構造と並行して，もう1つの内部的な構造を形成する.内部的な構造を築く，チームの形成と維持のために，さまざまな人がさまざまな役割を引き受ける.このプロセスは無意識に進行し，チームはそのアイデンティティを手に入れる.シンドラーは役割について，4つのカテゴリーに分類している (Schindler, 2016)（**図4.12**）.

- アルファ階級：グループの指導者もしくはその代弁者である.アルファは外向きの代表として，一番多くの刺激を与え，目標を立て，ルールを決める.
- ベータ階級：ときどき，アルファ階級の後継者が生まれ，「影の支配

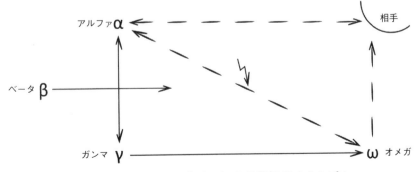

図4.12 ラウル・シンドラーによる階級ダイナミズム

者」として認められる．専門知識の提供と助言が役割であり，また，何かを検討する際，異議を唱えるか，もしくは条件をつけることが特徴である．また，困難な状況では，アルファ階級から最初に助言を求められる．

- ガンマ階級：アルファ階級の信奉者で，グループの多数がここに属する．ガンマ階級は，アルファ階級を支持し，あらかじめ設定されている目標を完全に受け入れる．時として，彼らはアルファ階級の話し方や態度を真似ようさえとする．

- オメガ階級：アルファ階級とグループ全体の計画に反対し，目標達成に対する抵抗を感情的にも表現し，そのために，非建設的，抑止的と受け取られる．何事も批判的に勘繰り，困難さをアピールし，それを超えることができない障害として説明する．他人からは邪魔者と感じられる．彼がグループから排除されると，すぐに再び「新しい」オメガ階級が成長してくる．

ニューオーソリティをもったリーダーにとっては，アルファ階級としてオメガ階級と建設的につき合うことが必要である．オメガ階級の人物は集団の中で重要な意味をもっている．彼らはリスクや危険を認識し，警告することで，グループを守ろうとしている．その際に彼らはグループの敵のように振る舞うため，他の人からは好まれなくなってしまう．

しかし，プロジェクトが成果をあげるためには，オメガ階級も同じ船に乗せなければならない．リーダーに選択の余地はない．リーダーが成果をあげたいならば，可能な限りオメガ階級と折り合わなければならない．このための最良の処方箋は存在しないため，リーダーにとって，疑いなく最も手のかかる課題である．

> この4つの階級は，それぞれのグループの特殊な内部ダイナミズムをつくり出す．特にアルファ階級によって，どのようにオメガ階級が扱われるかは，プロジェクトの成功だけでなく，グループ全体

の，またそのエコロジーの健全さにも影響を与える．

4.3　内　　省

宝物が深海から引き上げられる．自己認識はその解放を，期待して待っている．

バルダー・プライムル

　私は第3の発展領域である内省を最も重要視している．ニューオーソリティは，自分自身を分析する用意がある人のみが獲得できる．日常の慌ただしさ，または危険な状況の中で，周囲の心が離れる可能性があるリーダーの課題は，グループの秩序を取り戻し，それを固めることにある．この課題達成のプロセスはリーダーを成長させる．

　今日でもいくらかのリーダーは，内省のための専門家のコーチ，監督を手配することを心の弱さの兆候と見なすが，私は組織改革のためのコーチとの内省は，リーダーの弱さではなくむしろ必要なことと考える．昔は大変な非常時にのみコーチを訪ねたが，すべての年代にわたる多くのリーダーにとって，定期的に内省の時間を設けることは当然のこととなった．並外れた状況からのプレッシャーによって，リーダーはストレスを感じる．内省の課題は，新しい状況に適したリーダーの内面の秩序を取り戻すことと，それによって彼に複数の行動の選択肢を可能にすることである．特に困難なときにこそ，リーダーの責任あるコミュニケーションと思慮深い実行能力を，人はニューオーソリティの明確なシンボルとして認識する．受動的な，または落ち着きのない振る舞いは，逆にリーダーシップの低下を招く．

（1）　指導者のあり方

　指導とは，ジーモンによれば，「魔法」(Simon，1992)のようなものだという．

　指導という魔法を使うリーダーは，2つの野原の境界の柵の上に座っていて，片方の足を「行動の野原」に，もう片方を「内省の野原」に突き出している．こうしてリーダーは両方の野原に居合わせている．リーダーは一方では指導を行うが，他方でその効果を観察し，内省の野原へと場所を変えて，そこで「よい魂」とともに自分の行動について考え，観察から結論を引き出し，そして解決について話し合い，介入する．そうすることで，リーダーはより強くなって「行動の野原」へと戻る．そしてこのプロセスはまた最初から始まる．これを繰り返すことで，心の好循環が成立する(**図4.13**)．

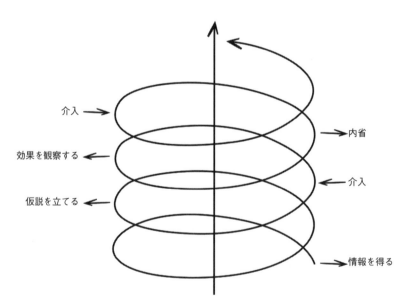

訳注）　内向きの矢印はシステム(組織・チーム・集団)に向けての動き，外向きの矢印は個人の動きを表します．

図4.13　システムの環

　残念ながら，幾人かのリーダーは主に「行動の野原」にのみ留まり，多数の未解決もしくは解決できないように見える問題を，長い期間抱えている．彼らは，自分でそれを処理しようとするが，しばしば解決への糸口を見出せず，自己批判によって自分を追い込むか，責任転嫁で他人を苦しめる．

　「内省の野原」では，問題提起がされ，解決される．解決志向は，問題に関して新たな行動や考え方を可能にし，行き詰まった考え方は解消される．内省のやり方はさまざまなものがあるが，私自身は短期療法の一つである解決志向型のコーチであり，内省の際にもこの体系的な心理学の技法を用いている．

　解決志向は，問題の原因分析ではなく，それに代わって成果の多い道を探し，よい未来(目標)について考え，役立つアイデアを見つけ，これらに到達することをめざす(**4.1節**を参照)．創造的な解決をつくり出すために，解決志向型のコーチから，前向きで協力的なサポートを受け，問題とそれに関連するテーマが，リーダーの能力が引き出されるような方法で語られる(Furman/Ahola，1996)．ポジティブな未来のビジョンと，それを実現できるという信頼は，エコロジーを明らかに改善し，気持ちのよい，明確に感じることができる前進や改善を実現する．解決のための会話がうまくいくと，リーダーの活力と健康に影響し，その結果として，従業員にもポジティブに作用し，リーダー自身の強さとチームのメンバーと共感し合い，すなわち「樹を引き抜くことができる(力がみなぎっていること)」団結と力が得られる．内省でめざすべきは，自分自身の考え方が調整，統一され，心の中を穏やかにすることである．内省をして自分自身の考え方の改善をすることが，ニューオーソリティのための最も重要な構成要素である．

　内省では，常に心のバランスを見出すことが重要である．このようにして人は自分に忠実であり続け，そして「航路」を維持する．内省に成功した後で，「今，考え方がクリアになり，自分の進路のための新しい力

を感じる」,「頭の中が整理され,自分の観点を発見した」とリーダーは
答える.

　内省をしなかった場合には何が起きるのだろうか？　最もよく見かけ
るのは,リーダーが問題をすぐに解決することができないとき,彼らは
その問題に繰り返し同じ方法で挑み,努力と労力をどんどん投入するこ
とである.ほとんどの場合,解決に導かれないため,次第に疲労は大き
くなり,また欲求不満が溜まる.エネルギーがムダ遣いされるだけであ
る.ここでは,観点を変えること,すなわち「よい魂」という外からの
観点を取り入れることが助けとなりうる.

　これについて例をあげよう.「職人が欲しい」と言う代わりに,見方を
変えて,「どうしたら,私たちのことを好んでくれて,一緒にうちの製品
をうまく作ることができる人が来てくれるだろうか？」というように,要
望を変えてみるとよい.

　幾人かのリーダーは,目標を絞り込みすぎていて,それによって自分
の視野と行動の選択肢を制限してしまう.「SMARTな目標」とならない
危険性もある[訳注1].

　緊張を緩和することによって,多くは,目標の枠を広げることができ
る.例をあげよう.「納期を30％短縮する必要がある」について,目標を
広く捉えると,「どうしたら競争力を将来にわたって維持できるだろう
か？」となる.

　リーダーは,提起した戦略を従業員がまったく実施してくれない,「や
るべきことができていない(ドイツのことわざ"Wir bringen unsere ›PS‹
nicht auf die Straße":馬力を道路上で有効に発揮できていない)」と不
満を抱く.この場合,彼らとの意見交換,そして戦略を立てる際やその
細部を詰める際の関与が欠けていた.

訳注1）「SMART」は,以下のドイツ語の頭文字をとっています. Spezifisch：
　　　特定の, Messbar：測定可能な, Ansprechend：魅力のある, Realistisch：
　　　現実的な, Terminiert：計画的な.

　プロジェクトが行き詰まると，責任の所在が問われる．しかしこの場合には，プロジェクトの進行が早すぎなかったか，圧力が大きすぎなかったか，関係者を十分に関与させていたか，内部のコミュニケーションが風通しよく行われていたか，プロジェクトの課題や目標，構造が明確であったか，情報がしっかり伝わっていたか，フィードバックが行われたかを点検することのほうが好ましい．

　「人は本当に望むものなら，それに集中することができる．そして平穏な心の内面状態を創造するために，内省がその手段と知識を渡してくれる」(Rosenberg，2016)．

（2）　コーチか監督か？

　これら2つの概念の相違を提示し，区別するために，以下に2つの一般的な定義を記すので，自身で違いを評価してほしい．

　監督とは，課題について内省の事案と方法を伝える人として定義され，可能性を高めるために用いられる．主要な役割は，困難な状況において，チームを感情的に安定させ，仲間と共同で先へと導く，行動戦略を発展させることである(Reichel，2005)．

　解決志向のコーチとは，対話型のカウンセリングを行い，寄り添い，目標達成のため，客観的，精神的視野を広げる問いを行い，解決すべき問題設定の手助けをする．互いに対する敬意と信頼によって築かれ，自由意志，指示可能な関係性である．コーチの会話によって，自己内省，自己承認，自尊心，責任，自己管理能力を高めることをめざす．そして，自己判断ができる能力を促進する．コーチのスタンスは，相談者と，グループの問題に合わせた個々の解決方法をともに開発する支援者としての役割である．

　解決志向のコーチは結果と解決を志向するものであり，それゆえに具体的な目標を達成したことが評価できる基準と，内容，枠組，介入に関して詳細に言葉で表現しながら，実行可能なアドバイスを行う．

（3）「適した」コーチ

適したコーチは特によい聞き手であり，リーダー自身の内面の秩序を考慮し，解決を生み出すことを意図的に実現するために，効果があると認められた方法を確実に用いることができる．内省の助言者が職業領域での経験をもっていると有利ではあるが，必ずしも必要ではない．内省を成功させる主な基準は，内省する人の相互協力意識や組織環境の改善をさせるという目標をもって，リーダーとコーチが，真の共鳴空間を定着させることができるかどうかにあると私は考える．内省は一生の課題であるが，それは自己意識の改革であるのだから，やりがいがある．

> 日常の多くの問題や課題の下で，心の状態は不安定になる．内省の課題は心のバランスを取り戻し，自己意識を改革するものであり，それによって自律性と効果的な行動の選択肢を導き出せる．自己意識の改革は，内省の重要な成果であり，ニューオーソリティのリーダーシップを育むのに役立つ．

> ドイツ語での解決志向型コーチ依頼窓口：
> 　ガイスバウワー氏のホームページ
> 　https://www.geisbauer.com/
> 日本語での解決志向コーチ依頼窓口：
> 　解決志向型　エグゼクティブパフォーマンスコーチ　川西由美子の
> 　ホームページ
> 　http://www.kawanishi-yumiko.com/

第5章
ニューオーソリティの さらなる要素

　本章では，リーダーのニューオーソリティの力を強化するためのさらなる要素を示す(図5.1)．

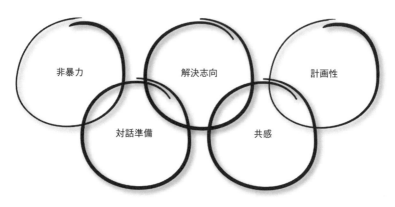

図5.1　行動，技能，態度による支援

5.1　非暴力—破壊的な介入から建設的な介入へ—

鉄を冷ましてから次の一手を考えよ[訳注2]．

ハイム・オマー

　ハイム・オマーは，同僚のジィブ・ギラドとともにエルサレム警察で実施した興味深い予備研究(Omer/Gilad 2013，テルアビブ大学にて)を報告している．ここでは，これからのリーダーシップに必要なニューオーソリティにおいても適用できることを，抜粋して紹介する．これは，衝突に対処する際の建設的な態度と行動に関するものである．もちろん，警察官の仕事をリーダーの仕事と同等に扱うことはできず，直接比較することも難しい．しかし，この研究では，リーダーが支障なく，かつ非暴

訳注2)　気分がいきり立ちすぎていると正しい判断ができないため，クールダウン
　　　　が必要という意味です．

力的に人の衝突に対応するための貴重な要素が示されている.

研究では，以下の視点をもとに調査された.

- 非暴力的かつ効果的な解決策はあり得るか？
- 短期間で暴力を行使しない効率的な衝突介入法を習得することは可能か？
- そのようなトレーニングを受けることで，内面のあり方を変えることはできるか？

警察官は，日常的に犯罪，デモ，隣人との諍いなど，さまざまな規模の衝突や対立を経験する可能性が高い.

- 警察官には，衝突を激化させる危険性を回避するための方法はあるか？
- もしあるなら，それをワークショップで学習し，実践で使用できるか？

研究においては，衝突への建設的介入および対立に関与するトレーニングが，警察官の態度と行動に効果があるかどうかが調査された．これに際して28名の警察官が選ばれた．その半数が，隣人との諍いというケースのシミュレーションの直前に，衝突への建設的介入や対立に関与するワークショップを1日間受講した．残りの半数は対照群とされ，2つのグループの衝突時の行動が比較された．このシミュレーションで，両方のグループで建設的に介入，または破壊的に介入する方法に違いはあったのか？

この2つのモデル（建設的および破壊的な介入）では，衝突への介入に関する想定が異なっていた.

（1） 破壊的な介入と建設的な介入

介入の際，破壊的または建設的に働きかけるかどうかのポイントであるコンフリクト・マネジメント[訳注3]を成功させる考え方とは何か？

破壊的な介入 (destructive struggle) の想定

① 関与者同士の立場は根本的に異なる立場にある

相手が根本的に悪である．この想定によって，相手を全力で打ち負かそうとする意図が正当化される．

② 勝利への義務感

相手側と対立したら，打ち負かさなければならない．

③ 復讐の原理

正当な者にとって，不当な者を罰することは義務である．復讐は，戦略的にもモラル的にも必要である．

④ コントロールへの衝動

戦いは，相手側を完全にコントロールすることで，終了する．それ以外の結果は，相手が回復し，再び動き出すチャンスを与えることになる．

⑤ 不信と秘密

相手側を信じずいろいろなことを秘密にし，常に用心が必要と考える．

⑥ 即時性の原理

すべての瞬間，すべての行動が重要で，延期や遅延は，相手に自分たちを打ち負かすチャンスを与える．

建設的な介入 (constructive struggle) の想定

① 類似性と多面性がある

双方にもよい点と悪い点がある．それどころか，悪者と思われる相手側でも，その味方から見ると，よい点がある．

② 抵抗する義務がある

説得や和解をめざすだけでなく，暴力的な態度があったら，止める義務がある．

訳注３）　コンフリクト・マネジメントとは，意見や利害の衝突，葛藤，対立においてネガティブに評価されがちな状況を組織の活性化や成長の機会ととらえて，積極的に受け入れて問題解決を図ろうとする考え方です．

③ 価値観・手段(やり方)の理解がある

建設的な介入の際，価値観ややり方が異なることを理解し，復讐・報復を行わない．こうすることで，非暴力的な抵抗が暴力を取り除く緊張緩和により，攻撃や挑発を悪化させない．

④ 管理・コントロールは幻想と知る

相手側の姿勢や行動を決定できるという考え方は，幻想である．私たちは自分自身の行動をある程度コントロールできるが，他人に対してはよくても部分的，あるいは偶然でしかコントロールできない．

⑤ 開放性と透明性がある

開放性と透明性は，暴力を抑制し，建設的なプロセスへの歩みを支えてくれる．透明であることは容易ではない．しかし，内密に物事を進めていくと，ますます暴力が続行されることにつながる．

⑥ 成熟の原理がある

論争での対立は，関係を維持するためのプロセスである．相手をやり込めたり，権力を使おうとすると，結果として関係性は安定せず，むしろ悪化につながる．建設的な介入の目的とは，ポジティブなプロセスの時期が成熟するまで，決然とした態度を維持し，暴力に対する抵抗を示すことである．

(2) 研究の結果

あらかじめワークショップを受講したグループにおいては，対照群と比べて建設的な姿勢(言動，態度，行動)に転じた変化がわずかに見られただけであったが，衝突介入のための創造的な技能において著しい差が出た．この介入の技能に関して，最初にワークショップを修了したグループが著しい好成績を収めている．すなわちこの研究によると，ワークショップによって技能的なパフォーマンスが改善されたものの，建設的な姿勢である内面の変化は同時進行していないことになる．姿勢の変化と技能の改善における差があることから，このアプローチ法が効果的で

はないかもしれないという疑念が生じる．例として，「罰を与えなければ，相手は勝ったと考えるだろう」，「こう振る舞えば，相手はこちらが弱いと考えるかもしれない」などの発言が出ていた．この理由から，建設的な姿勢についてより深く理解させるため，強さとは何か，テーマを掘り下げて議論する必要がある．

この研究は，職業分野における調査ではなく，単に設定されたシミュレーションについてのものである．しかし予備研究として，衝突介入の創造的な技能を短期間で獲得できるという結果が考察できる．

（3）　リーダー視点からの結論

① 非暴力によって，衝突を解決するための技能は，短時間で学習可能である．

② 衝突の関係者および自分の役割についての想定は，衝突調整のアプローチ方法が決定する．

③ 内面を変化させるためには，補足的な教育と，定期的な内省が必要である．

> 単にコンフリクト・マネジメントのスキルを習得するだけでなく，持続的かつ長期的なプロセスにおいて，内面の姿勢を対応させ，変化させていくことが重要であると考える．

5.2　対話の準備—オープンダイアログ—

対話によって人を共感させることができる．

デビッド・ボーム

対話は議論が終わった時点で始まる．対話がオープンで敬意を払った

ものであり，互いの話に耳を傾け，ともに解決策を探すというものであれば，対話はどこまでも広がる．重要なのはこのとき，技術ではなく，注意深さと慎重さである．本節では，特に貴重な対話コンセプトを紹介する．

　臨床心理学の教授であるヤーコ・セイックラ氏が展開した対話モデルは，社会心理学の枠を超えて活用され，氏の故郷であるフィンランドではすでに急速に普及している．彼はこのモデルを「オープンダイアログ（open dialogue）」と呼んでいる．私は，複数人による複雑な対話における介入として，この評価の高いモデルを適用している．その結果は目に見えるほどで，リーダーの日常における困難な状況においても，このモデルを適用できるのではないか？　と思っている．

　「オープンダイアログ」の重要な目的は，人を変えることではなく，お互いに対話を維持することである．こうすることで，代替方法と解決策を自ら思いつくことができる．このモデルは，特に異なる意見が多数出て前に進めない場合や，衝突の現状や影響を考えて理解し，新しい可能性を構築しようとする際にも適用可能である．

　オープンダイアログの7つのマインドセットを以下に示す．

①　そのテーマについて重要な関係者は，全員対話の場に招く．そのモットーは「誰が有益な貢献を果たせるか？」である．

②　それぞれの意見，特におとなしい者の意見に耳を傾けること．議論せず，評価もしない．聞く姿勢が求められる．

③　不安定さを我慢すること！　すなわち，焦って不十分な決定を下さないこと．一方的な説明をしない．問題の枠組み・定義を急いで定めない．早まって決断しない．重要なのは，対話が維持され，促進されることであり，その中で解決策が自ら浮かぶことである．せっかちな人にとっては困難かもしれないが，辛抱することが特に必要である．結果や決定に早期に焦点を当てると，創造性が生まれず，対話も前に進まず，行き詰まって組織的な解決策が失敗に終わる．

④ 対話に参加する誰もが，個人的な見解をもつ権利がある．耳を傾けてもらうことが，対話的関係の核である．人間にとって，理解してもらえなかったり，共感を得られないことほどつらいことはない．

⑤ 相手を理解することは，衝突解決に大いに有効である．「あなたをこのように理解した．あなたに対する理解に間違いはないか？」という確認の問いかけが必要となる．

⑥ 私たちの感情は行動を司り，特に直感をインスピレーションの源として利用できる．このため，直感が知性によって形成されたり，抑制されてはならない．

⑦ 対話によって，結びつきが生まれる．これによって，特定の状況下であれこれ考えたり，説明や指示を行うよりも，多くの変化が可能になる．

「オープンダイアログ」とは，論争でも議論でもない．一体となって対話する文化である．

対話のパートナーはお互いにオープンに敬意を払って，耳を傾けることを学び，一緒に考え，共通の方法と解決策を見つけ出す．

> 「オープンダイアログ」によって，ある程度忍耐強く，決まりを遵守する場合に，可能性が直接導き出される．対話は議論が終わる時点から始まる．

5.3 解決志向―解決志向型の先導―

解決策の有無は，問題の扱い方次第だ．

スティーヴ・ド＝シェイザー

リーダーは一般的に，異なる見解と異なる成功イメージをもつチーム

を特定の目的に導き，課題を協力して克服する必要がある状況に直面する．しかし最初の状況はしばしば，**図5.2**が示すとおりの状況であることが多い．

　図5.2の矢印は，チームメンバーのエネルギーの方向を示している．円は，チームメンバーにとって最適でありうるイメージを示す．ここでは，個々の協力に対する期待や目的もイメージされている．簡単に述べると，個々の成功の道筋においては，チームメンバーが自分の頭と心の中にもっているものすべてが関係するのである．しかし，残念なことに，チームメンバーが個々の成功の道筋について意見を交換する機会は非常に稀である．多くの人は，長い社会人生活において，それを行わない．その結果，関係性における相互不信感が生まれ，人をコントロールしようとしたり，衝突が生じたりする．

　パウル・ヴァトラヴィッチが講演でよく話すエピソードを紹介する．

　何十年間も朝食に１つの小さなパンを分けて食べる老夫婦がいた．夫

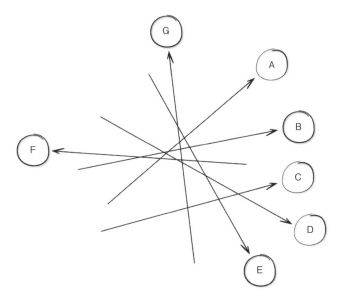

図5.2　エネルギーとイメージ

はパンを2つに切り，丁寧に両方の内側にバターを塗る．彼はいつもパンの上半分を食べたいにもかかわらず，妻にいつも上半分を差し出す．なぜなら，彼女はそれが好きだと考えていたからだ．夫はパンの下半分を食べるが，実は妻はこちらの下半分が欲しかった．しかし妻は何も言わず，夫がもうすぐ気がついてくれるのでは，と期待していた．妻は失望しながらもずっと堪えていたため，怒りが沸々と沸いてきた．来る日も来る日も，何年も何年も．

　そして結婚50周年を迎えた日，夫が晴れやかに，満面の笑みを浮かべてパンの上半分を妻に手渡したとき，妻はとうとう激昂した．極限まで愚弄されていると感じ，ついにはパンを夫の頭に投げつけ，夫の鈍感さを罵った．

　こうした例は，私生活でも組織でも，多くの人間関係において生じる．期待，イメージ，目的などについて，意見交換が欠落しているのだ．

　図5.2の矢印を見ると，このチーム内の改善は骨が折れると考えられる．「今日はあまり進まなかった」，「今日もとても骨が折れたよ」など，夕方になるとよく口にするだろう．この際，チーム内の誰も気を悪くしているわけではない．誰もが自分の成功イメージに導かれ，各人が自分の仕事をきちんと終え，短いコミュニケーション，またはオープンなコミュニケーションを行っているのだ．リーダーとして，対策を講じたり，改善したい場合は，上記のようなつぶやきの裏にある感情をも理解して，共通の視点から対話作業を行うことが有益であろう．

　2.2節「マネジメントの機能」ですでに取り上げたように，リーダーシップにおいては，焦点を当てる対象をチームの仲間と合意しながら形成して，首尾一貫した舵取りをしながらコミュニケーションに影響を及ぼすことが大切である．私は，人の心に関することは，問題の原因を追究することより，解決策に焦点を当てることが重要だと考える．解決策に的を絞ることで，共通の目的(global goal)が設定でき，関係者のエネルギーをその対象に向け，力を結束させることができる(**図5.3**)．こうなる

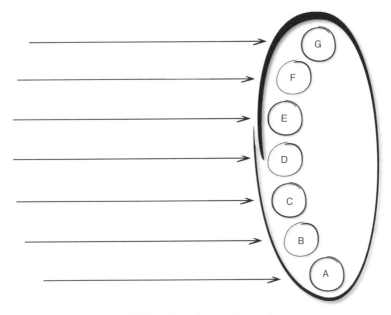

図5.3 解決志向─グローバル・ゴール─

と，成功に向かう改善を遮るものは何もない．皆にとって仕事が楽で満足のいくものとなる．リーダーが解決策を発見でき，チームが「コミット」できれば，一致団結した心の動きを感じとることができる．全員がより快適で，満足を感じることができれば，チームにニューオーソリティの価値がもたらされたことになるだろう．

（1） 問題についての話し合いか解決策についての話し合いかを決める
　問題について話し合うときには，問題の原因を知りたくなる．目標について話し合う場合には，その達成法を知りたい，と誰もが感じる．つまり，「焦点を当てる対象が重要だ」という原理がある．リーダーが焦点を当てる対象は，問題か，それとも目標か，どちらについて話し合うか決めることが肝心だ（**図5.4**）．

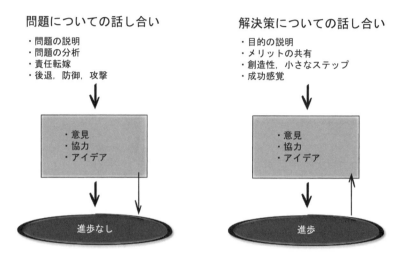

図5.4　問題についての話し合いか解決策についての話し合いかを決める

　問題に焦点を当てた話し合いでは，個人の責任を追及するという問題の悪循環に簡単に入り込んでしまうが，解決策に焦点を当てた話し合いにおいては，前に進むことができる．解決志向のコミュニケーションによって失敗することはない．

（2）　希望を伝えるミーティング

　私がある組織のマネージャーを務めていたころ，大きなプロジェクトにおいて，キーマンとなり得る部下と対話し，プロジェクトに対する希望を聞かせてほしいと頼んだことがあった．その部下は，最初は戸惑っていたものの，次第に大小さまざまな希望を話してくれるようになった．私は，どの希望にも興味深く耳を傾け，それらの多くが実現した．もちろん，個々のケースにおいて希望の実現が難しいと判断すれば，代替案を出したり，却下もしたが，すべての希望に対して返答した．その結果，対話には回を追うごとに躍動感が生まれ，建設的な対話が行われ，変化

のプロセス全体が活発となり，前に進んだ．彼は最初に希望を述べ，私がしっかり耳を傾けたことにより，自分を受け入れてもらったと認識し，このプロジェクトに参加している自覚をもち，自分のこととして位置づけたのだ．

5.4　計画性―戦略的計画から進化計画へ―

宇宙で最も重要なスペースとは，人と人の間の空間である．

エルンスト・フェアストル

　ニューオーソリティの考えをもつリーダーは，組織が働きやすい環境になるよう，計画を立てなければならない．ここでもリーダーは，数の要素と質の要素として特徴づけされるハード面とソフト面の現実と向きあう必要がある．売上，予算，利益，キャッシュフローなどの数の要素（ハード面）は，簡単に説明や予測ができる一方で（ただし，これら数字の実現可能性については，別途説明されることがよくある），市場などの質の要素（ソフト面）は，需要と供給の変化によって影響されるため，簡単に説明や予測することができない．

　経済分野と一般的な人間関係における計画は，基本的に扱いづらい．これらがダイナミックで，予見不可能であるため，予測が困難だからだ．「経済のプロセスにおいて，重要なのは，事実に基づく決定ではなく，需要によって変化することが可能である場合，計画を立てることは可能だ．ただしその計画は，家を建築する際に，基礎工事の石積みが不安定であると，モルタルが大量に必要となるような，エンジニアの計画ほど単純なものではない」(Simon, 1992)．

　「戦略的計画」は，軍隊で使われていた概念であり，作戦行動で使用された戦略を意味する．すなわちこの概念は，戦争，軍司令官，敵，勝利，殲滅といった戦略的行動を意味合いとして含んでおり，そこには一昔前

のオーソリティが見え隠れする．ニューオーソリティにおけるリーダーの計画的行動に関して，私はウィーンのコンサルティング会社CONECTAの同僚が提案した「進化計画」という概念を提案したい．「会社の存続，成長，繁栄には，戦争のルールよりも，進化論で論じられている選択および変化の原理の方が適合している．生物学における進化過程で生き残るための要素が，何の生き物であるかだけでなく，それプラス環境であった．同様の原理が企業にも当てはまる．生き残るための要素として，企業を単一に捉えるのではなく，常にさまざまな環境(市場，従業員など)と企業を関連づける必要がある．これらの環境なくして，企業が生き延びることはできない」(Simon，1992)．

　「計画には吟味，固執，分別が必要だ．複雑性を削りすぎたり，減らしすぎたりすることがないように，通常，計画はグループ内の会話を通じて実行することを推奨する．会話の中では，企業発展のために重要な多くの関連要素が入るため，衝突と流動性を計画に組み込み，関係者での意見交換をさせることが重要だ．その関連要素は，組織内外に存在する．こうすることによってのみ，専門知識を最適に利用し，環境条件を適切に把握することができる．そのようなお互いの力を引き出すプロセスによって，視野が狭くならないように，また，非機能的な行動をとらないようになる」(Simon，1992)．

　戦略的計画とは対照的に，特に家族経営の企業において，オーナー(特に創設者)，税理士，銀行が共謀して，会社とその環境を無視したことによって不幸な結果になった例を，私は知っている．

　透明性があり，多様性を受け入れた計画を立てるためには，対話を促進するための調停者による，「オープンダイアログ」(p. 81)が有益である．

　進化計画を実施できる者は，リーダーとしての風格が育ち，自身のニューオーソリティの考え方を強化できる．

5.5　共感—実り多い交流のための共感と慎重さ—

従業員の話に耳を傾ければ傾けるほど，彼らはリーダーのいうことを聞く.
マーシャル・B・ローゼンベルク

　ニューオーソリティの考え方では，共感が最も重要である.「従業員を
理解する者だけが，従業員が望んでいることを知り，組織内でそれを活
かすことができる. 共感は，自分の立場を離れ，自身を客観視すること
を前提とする. 簡単に聞こえるが，視点を切り替えることは，並大抵の
ことではない. 他者の視点に立つためには，自身と自分の仕事に対して
距離を置く必要がある」(Kitz, 2017).
　共感は，それを受けた相手に特別な作用をもたらす. リーダーがしっ
かりと耳を傾け，自分の立場で考えてくれて，リーダーに理解されてい
ると感じる人は，その人のすべての潜在能力を発揮し，解決不可能に見
えた課題に取り組み，克服不可能と思われたことを克服できるだろう. そ
して共感できるリーダーは，従業員の考え方の違いや可能性を垣間見る
貴重な機会を得，従業員の可能性を引き出すことができる. 共感して耳
を傾けることで，人の感情，すなわち言葉の裏にある活き活きとしたエ
ネルギーにつながる. その結果，実り豊かな交流が生じる.
　リーダーが共感をするときに，振り返ってほしいポイントがある. 私
はこれまで，従業員に対して非常に共感的なリーダーが，自分自身に対
してはひどく批判的であるケースを多く見てきた. この場合，リーダー
自身に悪影響が及び，弱体化する. なぜなら，自分に対して批判的だっ
たり，自己評価が低いリーダーの場合，他人への共感をアピールするこ
とは，かなりのストレスだからである. このため，自分に感情移入をす
る能力，すなわち自分自身に共感できることが，リーダーにとって非常
に大切だ. そうすれば，ニューオーソリティの重要な基盤としての人に
向き合うための真の強さが安定する. そして共感と同様に大切なものが，

慎重さである.

　　相手に共感して耳を傾ける者は，常に自分の枠を超えて成長する.
そのうえ，リーダーが自分自身に感情移入できると，その人自身の
もつ強さが加わる(Rosenberg, 2016).

監訳者解説9　承認欲求について

　リーダーに理解されていると感じる人はそのすべての潜在能力を発
揮し，解決不可能に見えた課題に取り組み，克服不可能と思われたこ
とをなぜ克服できるのかを解説します.

　心理学では，基礎的な人間の欲求には階層があるといわれています
(図5.5).

図5.5　マズローの5段階欲求説

　周囲から共感・承認されたという認識は，この階層表の承認欲求が
満たされたということになります. このため次のステップである自己
実現(解決不可能に見えた課題に取り組んだり克服可能と思うことを克
服できたりする領域)に進むための前工程が完了されたことになり，自
己実現がしやすくなります. この理論により，リーダーの共感はチー
ム一人ひとりの自己実現を促進する効果があるということになります.

(川西　由美子)

第6章

ニューオーソリティと
健康への意識

　ニューオーソリティと健康には関係があるのだろうか？　リーダーは，従業員の健康に影響を与えることができるのか？　これは医療分野，特に産業医学の管轄内の事柄ではないのか？　と，リーダーの責任だと思わない人もいる．

　結論から述べると，リーダーが従業員の健康を気遣うことで，すべての関係者によい影響を及ぼすことができる．本章ではこのテーマを少し掘り下げて取り扱い，「病気と健康」という概念の説明をし，健康生成論モデルを紹介し，最後に実用的な行動の可能性を導き出したい．

監訳者解説10　健康経営とは

　健康経営とは，1980年代，アメリカの心理学者であるロバート・ローゼン博士の「ヘルシーカンパニー」＝健康な従業員こそが収益性の高い社会をつくるという理論を日本でさらに発展させた考え方です．経営管理と健康管理を統合させ，個人の健康増進を企業の業績向上につなげる動きのことを意味します．

　背景として，少子高齢化による労働人口減少の人手不足時代の対策という面があり，2019年4月「働き方改革の施行」に紐づいて，「健康経営」の概念を改めて政府が推進して話題となりました．企業が積極的に行うべき健康増進の取組みとして，生活習慣病対策，メンタルヘルス対策，長時間残業対策をあげています．

　健康経営を推進するリーダーとして認識すべき3つのポイントを，監訳者である川西は以下のように提唱しています．

　① 　健康づくりは経営課題として戦略的に取り組むこと．
　② 　健康推進費用はコストではなく将来への投資であるという考え方．
　③ 　不健康であると体調不良によるミス・事故・モチベーション低下を起こし，生産性が下がる．遅刻，欠勤が増えると他の元気な人へのしわ寄せがきて，疲弊，病気，退職のリスクがあり，若手が定着せず採用コストもかかる，という悪循環があること．

（川西　由美子）

6.1 病気と健康

ドイツ語で,「健康がすべてではないが,健康でないとすべてが無になる.健康こそ,人間の最高の幸運である」という言葉がある.

バデュラは,「健康は,自らが積極的に維持するもので,精神の状態,身体の状態,周囲との社会的な関係が互いに影響し合い,維持されている.健康維持のためには,問題解決力と,感情調整の能力が必要となる」(Badura, 2005)としている.

メールは,「病気を,人の人生において,その人自身に作用し,また自分でつくり出してしまうものである.病気は影響を及ぼすあらゆる(身体的,精神的,心的)障害の兆候であると定義している.心と体のシステムの障害が病気となって表れる」(Merl, 2016. 9. 23の談話)と述べている.

アーロン・アントノフスキーは,その自著*Salutogenese*(健康生成論)の中で,「人間が完全に健康であったり,逆に完全に病気であることはない」と述べている(**図6.1**).人間はむしろ,両極である,完全なる健康・精神的快適性と,完全なる病気・身体的不調の間で,連続して揺れ動く存在である.そして健康生成論的および病原的な力によって,どちらか

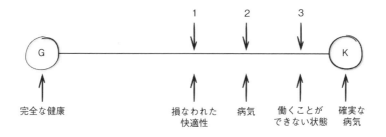

G:完全に健康な状態
K:確実に病気である状態
1:最初に知覚できる不調
2:病気だと感じること、病気だという主張
3:病気だと感じること、働くことができない状態

図6.1 病気と健康,連続的な双極

の方向に移動する可能性がある(Antonovsky, 1997).

アーロン・アントノフスキーは,教育機関で学ぶ医学の病原的概念(人間を病気にするものと同様の意味)のほかに,何が人間を健康にするのか,という健康生成論の概念を打ち立てている.

6.2 健康生成論のモデル

アーロン・アントノフスキーは,数十年前から「病気になりやすい状況において,病気になる人が常に少ないのはなぜか? どうして多くの人は健康でいられるのか?」と問いかけている.彼は長い研究の後に,その答えを出している.

アントノフスキーは,病気に抵抗し,健康を維持し,回復させようとする力を定義した(これを健康生成と呼ぶ).彼はこれを,教育機関で学ぶ医学概念であり,病気がどのように発生するかを意味する「病原」と並ぶ概念として打ち立てた.医学の中で「健康」が中心的な概念として扱われることはなく,これまで多くの医者は,いわゆる「治療医学」に取り組み,病気を診断し,処置し,回復に向かわせていた.

これとは逆に,健康生成論は,連続体の極である「完全な健康」(図6.1)に向かう方向へ移動する要素について伝えている(Antonovsky, 1997).図6.1に示す要素は,主に,コミュニケーションの分野に属している.すなわち,リーダーによるコミュニケーションが「健康と病気」に影響を及ぼすといえる.

センス・オブ・コヒーレンス(Sense of Coherence)

アントノフスキーは,研究と考察の結果(Schüffel, 1998)として,センス・オブ・コヒーレンス(Sense of Coherence)における,健康促進の基本姿勢をあげている(**図6.2**).これは3つの要素,把握可能感(Sence of Comprehensibility),処理可能感(Sense of Manageability),有意味感

図6.2 健康生成論の考え方

(Sense of Meaningfulness)を土台とした考え方である(図6.3).

　この考え方は, 個人の健康増進を補助する力, すなわち, 人生の負荷に対してスムーズかつ創造的に対処する能力の促進である.

　これによってセンス・オブ・コヒーレンスが発展する. センス・オブ・コヒーレンスの有無は以下の3つの要素でチェックするとわかりやすい.

- 把握可能感:人生の出来事が構造化されて, 予測可能, 説明可能であると思う気持ちがあること.
- 処理可能感:あることに正しく対処するためのリソースが使えていると思うこと. これは, 自分は助けてくれる人がいない犠牲者だという感情から自分を守り, 仲間と共同作業をしているのだと思えることを意味している.

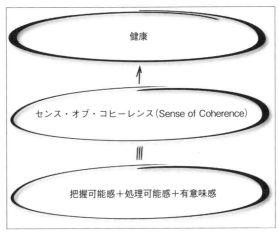

図6.3 センス・オブ・コヒーレンスと健康

- 有意味感：課題が，自分にとって有益なものと理解できること．課題に取り組む価値を見出せているかどうかは，自ら積極的に参加できているかによるものである．

この３つの要素がセンス・オブ・コヒーレンスによって高まると，個人は強くなり，結果として，健康生成論のポジティブな効果が発揮される．

すなわちリーダーは，コミュニケーションを調整して健康を意識することで，ニューオーソリティによるアプローチを行うことができる（4.1節「解決志向の指導的コミュニケーション」を参照）．そして自身の配慮と責任に関する基本姿勢を内省することができる（4.3節「内省」を参照）．

コミュニケーションが人間の健康を促進する際に，センス・オブ・コヒーレンスが関係している．すなわち，コミュニケーションが理解可能であり，関係者へ明確な行動が示された，有意義なコミュニケーションが形成される必要がある．これは意識した対話によってのみ，改善できる．

監訳者解説11　センス・オブ・コヒーレンスとは

コヒーレンスとは，物理学において，波がもつ性質の１つで，位相のそろい具合，すなわち干渉のしやすさを示す言葉で，センス・オブ・コヒーレンスは，考え方が前向きに安定して，よい波を刻む力，というニュアンスで用いられています．

(川西　由美子)

6.3　職場環境とバーンアウト

本節では，心身の不調として，バーンアウトとその作用を説明する．ここでは，米国バークレー大学の心理学教授であるクリスティーナ・マスラック氏の研究結果を参照する．

「一般的に，バーンアウトとは，第一に個々の性格，行動や能力における小さな失敗が原因であると考えられている．この見解によると，問題は人間にあり，彼らを交代させたり，または解雇することで問題は解決する．しかし，私たちの研究ではまったく逆の結果が出た．私たちが広範囲に及ぶ研究を行った結果，バーンアウトはその人自身の問題なのではなく，人が働く社会環境の問題であるという結論に至った．職場の構造化とその形成が，人間同士の相互作用と仕事の処理の仕方に影響する．職場環境が働く人間を考慮していない場合，バーンアウトするリスクが高くなり，支払う代償も大きくなる」(Maslach, 2001).

（1）　バーンアウトとは何か？

実際のところ，学術分野においてバーンアウトの定義については合意されていない．現在の国際疾病分類(ICD10)によると，この概念は精神病の主な診断として等級づけされておらず，「疲労の症候群」の概念に属する単なる補足診断に過ぎない．1960年代に「マネージャー疾患」として診断されたが，1974年にアメリカの心理分析家ハーバート・フロイデンバーガーによって，バーンアウトという概念が導入された．マスラックによると，バーンアウトは，極度にストレスがかかる仕事の影響として生じる．冷笑主義(シニシズム)によって，疲労を蓄積させる仕事から自ら距離を置く行動や態度として表れ，その結果，仕事が十分にこなせない非効率な状態に陥る．

バーンアウトの代償は非常に大きい．欠勤が多くなり，大幅な人員の配置替えが必要になり，仕事の質が低くなり，職業モラルの低下，健康被害が頻繁に生じるなどの結果をもたらしてしまう(Maslach, 2001).

（2）　バーンアウトにおける組織の役割

マスラックによると，バーンアウトは職場と従業員の間の隔たりが大きい場合に発生する．職業生活における以下の6つの要素の乱れは，職

場への不適合が生じる可能性がある.

- 仕事量
- 管理，コントロール感
- 報酬，補償，フィードバック
- 一体感
- 公平性
- 価値観

　十分な休養期間が設定されていない場合，過度な労働負担は人を疲弊させる．自分の意見が仕事にほとんど反映されない場合，結果に対する責任感が小さくなり，イノベーション力が停滞する．特別な貢献や成果に対して，補償が不十分であったり，完全に報酬がない場合，モチベーションや労働モラルが低下する．一体感がなくなると，相互のサポートが得られないことから共同作業が不可能となり，衝突につながる．公平性が失われると，尊敬心がなくなり，不誠実がはびこり，職場の連帯精神が消失する．組織の環境と個人の価値観の対立や，組織が個人の価値感を受け入れないことにより，バーンアウトの発生リスクが高くなる.

（3）　バーンアウトの現れ方

　バーンアウトに悩んでいる人に，どのように感じているのかを質問すると，次のような回答が頻繁に返ってくる．「私はフラストレーションがたまっている！　仕事への情熱を失ってしまった．怒りがおさまらず，どこにも発散することができない．仕事を失わずにすむだろうか，と恐れている．仕事では，毎日不幸を感じるし，意気消沈する．自分自身に，このままでいいのかと問いかけている．自分に過大な負担がかかっていると感じるし，過労気味で，どうにもならないと感じている．ここから抜け出す道はない.」

　各個人が自身のバーンアウトの症状を以下のようにいろいろ表現するが，その根底にある要因は，上述の6つの要素に関係することである.

・仕事に対する意欲の衰退

重要，有益，魅力と感じていた仕事が，不快だったり，意味を見出せなくなったり，心を満たすことができなくなる．

・感情の衰退

情熱，やる気，安定，よろこびといったポジティブな感情が消え去り，不安，恐れ，意気消沈にとって代わる．

人と仕事における感情の行き違いなどのバーンアウトに悩む人は，このアンバランスな状態を個人的な問題としてとらえるが，実際のところ，職場環境の問題である．バーンアウトは徐々に進行する損失のプロセスであり，人が必要とするものと職場からの要望との歪みがどんどん大きくなっていくことである．

現在，経済的，政治的，文化的な力が職場に影響を及ぼし，かつてないほどバーンアウトになりやすい環境が生じている．個人が「私に責任がある」と発言することは有益ではなく，バーンアウトへの対応策として役に立たない（Maslach, 2001）．

（4） バーンアウトの兆候

最初の兆候は，ほとんどの場合，感じることのすべてを軽視することにより，負担のかかる環境に対して感情的に距離をとることである．これは自身の感情に蓋をしようとする働きである．これに関して，マスラックはこう述べている．「バーンアウトは精神を消耗させ，致命的な作用をもたらすことがある．健康，課題を処理する能力，個人的な生活スタイルへ有害な影響を及ぼす．仕事のパフォーマンスにおいても，深刻な悪影響がおよぶ．この負担はその個人で抱えるのではなく，職業生活においてもプライベートな環境においても，その人と接触する人全員が「知覚」する」（Maslach, 2001）．

バーンアウトした人は，頭痛，胃腸の不具合，高血圧，筋肉の緊張，慢性的なだるさといった身体的な問題を訴えると同時に，不安，意気消沈，

睡眠障害といった精神障害を伴う場合もある.

　これらのストレスを克服するため，多くの人がアルコールや医薬品に頼ってしまう. バーンアウトの結果として，プライベートな領域にも影響が及ぶと，疲労によって家族と友人関係にもネガティブな感情が影響してしまう.

　では，仕事自体はどうなるのだろう？　バーンアウトの悪循環の結果として，ストレスが蓄積し，日常生活で十分なサポートを得られない人は，仕事における問題においても，その対処がますます困難になる. バーンアウトに悩む人は，精神的にも身体的にも，仕事を遠ざけるようになることが推測される. 仕事に投資する時間とエネルギーが少なくなり，絶対に必要なものしかこなさなくなり，欠勤も多くなる. 作業量が減るだけでなく，仕事上のミスも増加する. 高い能力が求められる仕事には，時間，努力，熱意と創造性が必要だが，バーンアウトに悩む人は，これらを満たすことはできなくなる. 仕事の質・量の低下は，仕事の観点から見た場合，バーンアウトの初期症状といえる. 初期症状が出ている人にコーチングをすると，「企業の組織改革の結果，仕事の密度がさらに濃くなり，より大きな責任とより多くの仕事が個人にのしかかってきた. しかも，それに対する補償や評価はない.」と，訴えることがある. 職場環境が悪化しているということだ.

　最終的に，もうこれ以上，過剰な負荷を抱えきれない状態に達してしまった人たちは，仕事を辞めてしまう. 離職が不可避であり，それが，かつては誇り，個人の証であったキャリアの終わりを意味する場合には，大きな痛みを伴う.

　バーンアウトがもたらす代償は，その人にとっても企業にとっても非常に痛い. 従業員には，仕事が自分の生活の質と生産的で実り豊かな成長のチャンスを損ねてしまったことになる. 企業からは，以前には発揮されていた意欲，創造性，生産性をもはや提供できない従業員個人の問題だということで片づけられてしまうリスクもある.

（5） バーンアウトの症状

- 疲労：持続的な過負荷によるストレス（身体的および精神的）症状が出る．
- 冷笑的：人との関係が敵対的になる．
- 非効率性：仕事において十分な成果を発揮できないという違和感で覚え，パフォーマンスが落ちる．

（6） バーンアウト対策が必要な理由

バーンアウトは，組織の中に大きな誤解が存在することの兆候を示すもので，従業員よりもリーダーに関連深い事項である．しかし多くの経営者は，バーンアウトの問題解決にしばしば二の足を踏む．

「彼らにとってバーンアウトとは，ハチの巣のようなもので，できれば見たくないものである．しかし問題がバーンアウトであると判明すると，すぐに全従業員から「労働負担の減少」または「職業生活の質」を改善するためのコストの高いプログラムの導入などが要求されるため，質問攻めにあうのを恐れている．彼らは，バーンアウトが雇用主の責任だと考えていない．そしてバーンアウトの問題解決に必要な時間とお金，専門知識があったとしても，バーンアウトに対して対策を講じようとはしないだろう」(Maslach, 2001)．

バーンアウトが，経営課題として組織全体で取り扱われないと，従業員の間で冷笑主義がますます拡大し，執拗に続くことになる．冷笑主義は，該当者にとって自己防衛のように機能し，自分がつぶれる前に，自分に起こっているすべての課題から目をそらしてしまう．結果として，欠勤や仕事・業務における質の低下による生産性の低下を生み出し，その経済的損失ははかり知れない．

（7） バーンアウトの対処法

マスラックの解釈によると，バーンアウトは個人レベルだけではなく，

企業レベルでも対処するのがベストである．企業がバーンアウトを克服するための責任を負い，長期的にパフォーマンスの高い従業員を確保することが，ベストな対策である．

- 企業側のアプローチでは，特定の個人に焦点を当てる代わりに，職場環境の改善として取り組む．その結果，このアプローチはコスト面でメリットがあるだけでなく，互いをサポートし合うプロセスが形成されるというメリットを生み出す．お互いが尊敬し合いながら現場で介入することによって，仕事の質を高める環境を改善することができる．
- 職場環境を全般的に改善することで，全従業員の生産性と職業生活の質を向上させる．
- 企業レベルでの介入によって，職場環境の機能性を改善させ，仕事の業務品質を向上させる．逆に個人レベルで介入することは，バーンアウトを抱える人のストレスケアのみになってしまい，組織全体の機能を向上させることはできない．
- 戦略的マネジメント方針に組み込まれた企業アプローチのほうが，バーンアウトに悩む個人を対象にしたアプローチよりも効率的である．

私が考える最良のバーンアウト対策は，業務品質向上を促進することである．すなわち，組織の業務改善を通じて解決策を考える必要があり，経営者が健康促進の方向に向かって前向きな決定を下すことが求められている．このような対策を導入することで，短期的には利益が低下するかもしれない．しかし長期的に見ると，職場のコミュニケーションなどの環境改善が生産性などの有形効果として表れるため，絶対に損はない．

（8）　組織レベルで実行できること

組織開発や健康促進などについて，対話を行おうとすることは効果的だ．このとき，従業員は，会社から場と時間を与えられてはじめて，健

康に関するテーマについて取り組む機会を得るのである．私は，リーダーが責任をもって，このテーマに取り組むように人を動かし，従業員が自身の望みを発言できるようにすることが重要だと考える．

　しかしこのためにリーダーは，職場における従業員の身体的および精神的快適性を配慮すること，そして，対話の結果，決定事項を実行する勇気を必要とする（**3.2節（4）**「態度：毅然とした態度」を参照）．マスラックも，優れたアプローチ方法を紹介している（**付録A.1節を参照**）．これは標準的なアンケートを用いた組織の環境に関する質問によって，現状を評価できる方法である．これにより結論を導き出し，効果的な対策を見つけることができる．何よりも大切なのは，経営戦略全体において健康促進をしっかりと根づかせ，プロジェクトがその場限りのものとならないことである．

> 　はっきりと打ち出されたバーンアウトへの配慮は，組織が健康になるだけでなく，ニューオーソリティの考え方を推進するときの明確な付加価値となる．

（9）　補足：いじめ

　いじめは，チームメンバーが，チーム内の未解決問題を特定の人物になすりつけ，その人の健康を害するという問題行動である（**4.1節を参照**）．実務において，私はいじめのケースでリーダーを常に関係づけて考えてきた．いじめが起こったとき，多くの場合リーダーは，自分の「課題」をしていない．つまり，下す必要がある決定を延期している，説明するための対話を行っていない，新しいルールを決めない，不当性を取り除いていない，最悪の場合，いじめている者に権限を委譲してサポートしている場合さえある．いずれにしても，集団内の秩序が制限されるか，または秩序が完全に喪失している．優れたチームでは，透明性をもった新

しいスタートを切ることができるが，最初にボールを蹴るのはリーダーの役目である．リーダーがニューオーソリティ（第3章）を実際に活用することで，組織の問題としていじめがテーマにあげられることはほぼなくなるだろう．

　バーンアウトにいじめが介入しているというテーマは極端なシナリオである．しかし健康生成論モデルという背景において，小さなトラブル時にすぐに対処すれば，最悪の事態が発生することさえも防ぐことができる．組織が健康か病気のどちらであるか判断することは，極端な考え方ではあるが，健康について組織として取り組むことで健康的な組織になることができる．

第7章

落とし穴に注意！

　本章では，ベテランのリーダーであっても簡単に陥ってしまう，注意してほしい指導の落とし穴を紹介する．

7.1　落とし穴①　組織の階層を尊重せずに事を進める

　リーダーは，しばしば「忖度しない」情報を欲しがり，直属の部下が報告するレベルの情報で満足したいとは考えていない．現場の状況をよりよく理解するために，どの階層の意見にも注意を払わなければならない．しかし，その結果，よかれと思ったことが不快な影響をもたらすことがある．真実を見極めるために，リーダーが階層を飛び越えて該当者と一対一で話した場合，未解決の問題に悩んでいる場合，はちの巣をつつくような騒ぎになる．その結果，多種多様な解決策が展開されてしまう．

　これが直属の上司の知らないところで行われる場合，その上司は意見を言う機会がなく，関係性を悪化させてしまう．話を聞いてもらった従業員の間では対策に対する期待が膨らみ，また真実を追求するリーダーの場合，その期待に応えるためのプレッシャーが高まる．無視された者には，フラストレーション，不信，複雑な衝突が生じ，解決困難となる．その情報を見過ごすと集団の統制が弱体化するということである．早急に衝突を解明する必要に迫られている場合には，いずれにしても職位が高い層への介入から開始する必要がある．

7.2　落とし穴②　組織内で無秩序が形成される

　ある病院は，患者から非常に高い利用満足度を得ているが，従業員からの満足度の評価はどちらかといえば低かった．すべての領域における戦略の微調整，体系的な管理，精確な品質マネジメントといった近代的な病院を構成するすべての要素について，ハード面の要素を完璧に管理

しているにも関わらず，患者と従業員からの評価が一致していないこと
は，これまでの成功に貢献してきたリーダーを狼狽させる事実である．

　利用満足度が高いということから，従業員が自分の仕事に責任をもち，
非常に優秀に遂行していることがわかるが，従業員は自分の職場環境，特
に上下関係であるヒエラルキーにあまり満足していない．これに対する
最初の反応として，経営幹部がリーダーに研修を受けさせても，研修は
従業員満足評価の著しい改善にはつながらない．

　そこで「オープンダイアログ」を用いて，経営幹部に，どのようにし
て従業員の問題を知ったのかと質問すると，従業員が主に非公式な手段
を利用して苦情を申し立て，階級の上層部といえる領域（医師，看護師，
管理部門）にも話を広げて，変化が起きるように画策していると語った．
医師は例えば看護指導部に，看護スタッフは主任医師に，各領域の従業
員は管理部門に苦情を言っていた．同部署は特別に週に一度，苦情受付
時間を設け，それは頻繁に繰り返されてきた．従業員が発言した希望や
苦情は，忖度され，直属の上司の耳に入らなくなる．このとき，組織の
秩序は壊れてしまい，リーダーが脆弱になってしまっていた．苦情を言
う者を直属の上司の元に連れて行き，話をさせるようにすると，ようや
く静寂と秩序が戻ってくる．このプロセスは，多くの規律を必要とする
が，ニューオーソリティの考え方の下では正しい行動といえる．

7.3　落とし穴③　不透明性の助長

　取付式プールを製造する会社の経営者は，20名の組立工から構成され
る職場の雰囲気が悪化していることを嘆いた．彼らは2つのグループに
分かれて，それぞれの勤務場所に移動しているが，現場のリーダーは，2
人の組立工による悪影響に原因があると考えていた．この2人は「腐っ
たリンゴ」のようであり，この「腐敗」が別の従業員に感染することを
リーダーは恐れていたが，すでに3人の組立工が退職してしまった．

　私が「この状態はいつ始まったのか」と質問すると，およそ1年前に初めて気がついたと彼は答えた．さらに，定期的にすべての組立工と話したかと質問すると，彼は気まずそうに，一年半前までは外での非公式の形で，毎週金曜日の18時に仕事を終えた組立工達と一緒に会議をしていたそうだ．そこでは，問題が報告され，最新情報が交換されていた．この会議は，一時彼のプライベートな事情によってなくなったが，その後もメールでや電話で頻繁に連絡をとり続けたという．もちろん，個人との対面での話し合いも行われていた．

　私は，もう一度金曜日の18時にすべての組立工と公式な話し合いの場をもつように提案した．その場で，参加した全員に，チームに対する希望は何か，率直に尋ねてみるようにした．彼らは15分間，小グループに分かれて検討し，結果を報告してくれた．廃止された話し合いをもう一度簡潔な形式で再開したいという希望が出たことに，私はあまり驚かなかった．意見交換のためのさらなる提案や改善案がさまざま出てきた．組立工のリーダーは，対話が行われる良好な雰囲気に驚き，同僚の希望を理解することができた．そして毎金曜日の会議は，もう一度導入されることになった．職場の雰囲気は改善され，仕事を辞める者はいなくなった．

7.4　落とし穴④　一対一の対話のみ

　ある病院の医局長は，医師たちの間でいじめが発生していることに悩んでいた．私が，「チームを先導するためにあなたは何を行っているのかと問いかけると，彼はイライラしながら答えた．「子供の喧嘩に介入する時間はない．チームは人の命を助けるのが仕事だ．医師たちは優れた資格を有しており，一部の医師は2カ所の大学卒業資格さえも有しているという．ならば自分たちが何をするべきか，わかっているはずだ．ここは幼稚園ではないのだから」．すべての医師たちと話し合いの場を設けて

いるか，と私が尋ねると，彼はしっかりとうなずいた．そのとき，同席していた代理人が反論した．「話し合いの予定はある．彼は定刻どおりに，この大きな病院の別の階にある会議室まで，遠い道のりを歩いていく．しかし彼は会議室まで絶対にたどり着かない」．それはなぜか？

　それは，当事者たちが会議室に向かう途中の医局長をつかまえて，一対一で内密に話をしようとするからである．その対応に時間を要し，彼は会議室に到達することはない．会議室にいるのは，他の医師がここに来るという望みを捨てていない，いじめを受けた当人である一番若い女性医師だけである．彼女は，透明性を要求し，問題を首尾一貫して提示し，改善を要請した．このことで彼女は人気がなくなり，いじめを受けた．残念なことに，彼女は公式な全員参加でのミーティングが実現するかなり前に，すでにチームを去ることを決心していた．

7.5　落とし穴⑤　指令によって組織改革を強制する

　行政において，組織改革が非常に速いペースで強引に導入されたことがあった．組織の責任者は，組織変更を最も早い方法である公式指令によって片づけようとした（1度目の施策）．立派なパンフレットがこの企画の成功を早くも告知していた．「新しい」組織形態が法的な契約に組み込まれ，組織の責任者が署名をした（2度目の施策）．

　しかし，実際は周囲からの不満の声で一杯だった．意見する機会が一切なく，そして組織内の反発は，止めることができないほど強くなっていったが，組織の責任者からこの事態を収めるための弁明はなかった．組織の責任者は組織の「ざわつき」を耳にしていたものの，修正提案に断固反対し続けた．そして調停として，誰もが1年間に最低1つの提案をするべきという，KVP（継続的改善プロセス）をすべての従業員に指示した（3度目の施策）．

　さらに，組織の責任者はリーダーに必要な技能が不足しているという

考えに至った．そこで組織の責任者はリーダーたちにスキル研修を強制的に受けさせ，新しい組織に必要と考えられる能力を獲得し，組織力を高めようとした（4度目の施策）．

　結果，トレーニングとしての研修は失敗に終わった．トレーナーは，この講習をガス抜きとして利用している非常に冷笑的な参加者に直面したのだった．講習では実際のところ何に取り組んでいるのか，リーダーの願望が満たされていなかったものは何かを理解するまでに場の雰囲気が悪い方にエスカレートしたため，中断を余儀なくされたケースも見られた．しかし，組織の責任者は自分のやり方に固執し，緊張状態は収まらなかった．

7.6　チームを崩壊させるための手引き

以下，逆説的に利用するとよい．

① 　問題を分析し，関係者を加害者と犠牲者に分ける．組織を麻痺させる効果的な手段だ．

② 　エラーが発生したら，なぜ機能しなかったのか，その理由を探して，結果を長々と書いたリストを作成する．

③ 　「生産性」ではなく「節約」をモットーにして，継続的に，または自発的に／今すぐパフォーマンスをもたらすことに適したリソースを取り上げる．

④ 　一対一で内密に対話して，あぶりだされた問題だとされる人物を追い詰める．

⑤ 　自分の部下であるリーダーを飛び越して，事情を階層を無視して聞いてみる．これは「真実」に近づく王道だと信じている．

⑥ 　人員配置交換の可能性を従業員に知らせる．そうすると，彼らは注意深くなり，仕事に集中する．

⑦ 　自分のチームが自主的に組織編成していることに気づいたら，新

しい規則の指示と徹底的な制裁によって対応する.

⑧　チーム全員で個人的な対立を解決しようとする. 重苦しい空気が嵐によって浄化されるようなものである. その後全員が再び仲よくなれるかどうかは, これまで証明されていない.

⑨　自分のチームの戦略形成時に, 自分たちよりも1つ上の階層や該当する階層に働きかける必要はない. なぜなら, 上層部は自分たちの問題を知っているはずだから!

⑩　批判的な侮辱などの対話において, 感情移入するような状況を強制的につくり出すこと. すぐに, 突発的な反応が見られる. つまり本音が出て, 効果的である.

⑪　組織が停滞しているときには, スキル不足の従業員にはスキル・トレーニングを受講させよ.

⑫　何かがうまくいかない場合, 同じ方法をもう一度試してみること. ただし, 今度はより厳しく, 脅しをかけること. 彼らは「怒鳴られないということは, すでに十分な評価を得ている!」と考えることを忘れない.

> 個々のケースにおいて, これらの項目を行う組織は崩壊する. 粘り強く, 持続的に, 根気強く行うと, 組織崩壊は必ず起こってしまう!

監訳者解説12　機能しない上司がいる場合の対応と個別紛争解決制度について

（1）　機能しない上司がいる場合の対応

　組織の問題の解決には, 直属の上司との対話が一番であり, 階層を飛ばしての対応は組織の崩壊につながるおそれがありますが, 以下の状態においては, イレギュラーな対応も必要となります.

- 上司がストレスにより思考が停止し，重要案件を放置し，組織に甚大な被害が出ることがわかっている．
- 上司の能力不足により，部下をまったく管理できていない．
- 上司からのパワハラを受けている．
- 上司が不正行為をしている．

など，組織として把握していないと大きなリスクになる場合のために，組織側が第三者の相談窓口を設定したり，意見箱を置く組織もあります．一方で，組織側もリスクのためのパイプが必要な場合もあります．

（2）　個別紛争解決制度について

　組織での困りごと相談窓口がない場合や組織自体が悪質な場合，個別紛争解決制度があります．これは平成13年の個別労働紛争解決促進法により，職場のトラブルで組織が対応をせず，従業員が苦しんでいる場合の措置として，国は個別紛争解決制度をつくり，都道府県労働局で情報提供，相談窓口，法律違反の場合の組織への忠告措置や指導を行っています（不当解雇，いじめ，いやがらせなどの問題を扱います）．

（川西　由美子）

第8章

強さを提供するコンサルテーション
─コンサルテーションを受ける際の注意点─

　専門家によるコンサルテーションは，リーダーのニューオーソリティの強化や職場の環境改善のために活用するべきである[訳注4]．コンサルタントがリーダーの評価を行ったり，集団の方向性を決めてしまったり，リーダーの決断権を奪ってしまう場合，リーダーはコンサルタントへ依存してしまう．そうなると簡単に混乱状態が生まれ，リーダーのみならず集団全体が弱体化してしまう．

　弱体化は，一般的にリーダーとコンサルタントが一対一の話し合いを何回か行い，「真実」を捉えようとする分析段階ですでに発生する．組織改革を行う際は，さまざまな意見を考慮することが大切である．そのため，2人だけの対話が「客観」的であることは稀であり，窮地に陥りやすいということはコンサルタントにも該当する．改革を推進する関係者とともに，新しく現実的で，ポジティブなシナリオを築き上げることが大切である．こうすることでともに今後の展望を発展させ，望むままに前に進むことが可能である．これは，コンサルタントにとって目標を確実に達成するための共同作業の前提条件である．

　前提条件として，コンサルタントは複数の人物と建設的な対話を行い，最初の反論に耐える必要がある．また問題の悪循環が大きくなり，堂々巡りになった場合でも，辛抱しなければならない．静かな部屋でコンサルタントが独りで分析するだけで，改革を推進する関係者が望むコンサルテーションの内容に発展することは稀である．また綿密に考案したプランでも，従業員の関心をそそらず，従業員と調整できなかった場合，失敗となる可能性がある．無能なコンサルタントは，関係者が気づかなかった新しい問題を生み出してしまう場合が多々ある．優れたコンサルタントは，関係者とともに考え出した職場の環境改善を伴う解決策が常に導き出されるようにしている．

　では，優れたコンサルテーションとはどのようなものか？　どこで判

訳注4）　本章では，コンサルタントが行う技法やアクションについて言及しています．リーダーがコンサルタントを選ぶ際の基準にしてください．

別できるのか？　コンサルタントに依頼する際，何に注意すべきだろうか？

8.1　効果的なコンサルテーション技法

　ライヒェルは，コンサルテーションを「具体的な必要性があって動きだす，人間の複雑な相互作用であり，内容的および時間的に限定され，忠告を求める者に自由を与える」ものだと定義する(Reichel, 2005)．私は体系的な解決志向のコンサルテーション・アプローチを導入しているが，関係者に，「問題の原因は何か，それは誰の責任か」について考えさせる代わりに，問題の現状を共感し，ともに解決策を熟考することをサポートする．すでに説明しているが，責任転嫁は必ず侮辱につながり，それによって創造性が損なわれて，モチベーションが失われ，共同作業が停滞してしまう．このような雰囲気においては，問題解決はまず不可能である．

　優れたコンサルタントは多くの質問をする．質問は，適切に，敬意をもって行われる必要がある．1つの回答に固執してはならない．回答者の自主性が常に第一である．そうすることで，コンサルタントと改革を推進する関係者は，問題の把握のため，集団に関する情報を得るだけでなく，自分たちで新しい情報，「初めて改善のために得る情報」(Weizsäcker, 1972)を生み出そう，と人を促すことができる．組織の発展には，「初めてのもの」が必要である．すなわち，まったく新しく，これまで聞いたことがなく，これまでは意味をもたなかったものである．これに取り組むことで，初めて組織改革が可能となる．誰もが腹落ちする解決策を探すためには，目標に影響を及ぼす関係者全員を関与させる必要がある．フリッツ・ジーモンによれば「できるだけ少人数で，ただし重要な人は多く」(Simon, 1997)ということだ．すなわち，あまり乗り気でない従業員にも関与させる必要がある．建設的な対話は，以下のルー

ルが適用される場合に限って展開できる.

- 誰もが自身の考え方を発信して，他の人の意見に耳を傾けること.
- コンサルタントは誰もが発言できるように配慮すること. 最初は，お互いを理解することに努め，評価や議論をしないこと.
- コンサルタント自身ももちろん評価を行わないこと.
- 関連するテーマ，問題のあるテーマに話題が移った場合，コンサルタントは将来に視点を向けさせるように時間軸を未来にシフトさせる話題を促進すること.

よりよい将来に向けて，最適な解決策が重要である. このため，過去を分析する必要もなければ，過去の経験から生じる侮辱も不要である. 「あなたは何を達成したいのか？ あなたの目的は何か？」コンサルタントは，組織改革の関係者がその目的設定の幅を狭めすぎないような目標の見つけ方を重視する. 「どうすれば専門職の人材を獲得できるのか？」という質問の代わりに，「私たちのもとで働きたいと思い，一緒に優れた製品やサービスを世に出してくれる人材は，どうすれば獲得できるのだろう？」と問いかけるべきなのだ. この理由からわかりやすく腹落ちのするSMARTな目標(p.72参照)は，上記のようなコミュニケーション・プロセス，「何のためにどうしたいか」を問いかけることが大切である. 単に「どうしよう」では，実際に皆の心は動かない. これによって対話の相手は，価値ある対話をしていると感じ，自分の考えを述べるようになってくれる. 目標が見つかったら，プロセス全体を通して，それを見失わないようにする必要がある. 主に集団の能力，強さ，リソースこそ，解決を可能にする. ヴァツラヴィックは，解決策を2種類に区別している(Watzlawick, 1988). 第1の解決策は，調整可能な貢献，規則の作成と変更して，結果を出すことであり，予測可能な変化についてのことである. 第2の解決策は，第1とは逆にすべての関係者にとって予測不可能な突然生じる変化が関係している. これによって，分離，完全な路線変更，革命など，劇的な範囲に影響が及ぶことがある.

　解決志向のコンサルテーション・アプローチに特徴的な，「小さなステップ」という戦略は，第2の解決策による緊張を柔らげる働きをする．

　解決策は，関係者の環境がはっきり改善を感じ取ることができるほど変化した場合に，優れた解決策といえる．コンサルタントは解決策を見つけるためのアクションに直接関与せずに開始させる，という化学変化をもたらす触媒と同様の働きをする．コンサルタントの仕事とは，化学変化をもたらす刺激としてとらえるとよい．こうすることで，解決策を見つけ出す道が開ける（Groth，2017）．

8.2　強さを与えてくれるコンサルテーション15の基準

コンサルタントが，

1. 「問題解決のために，全員参加で，特に必要な人を巻き込むこと」をモットーに，複数人による適切な対話を行う．また「できるだけ少人数で，ただし解決に影響する人は多く」というモットーで行うこと．
2. 問題の悪循環に入り込まないように抵抗できること．
3. 周囲が腹落ちしない決定事項を押しつけて，リーダーを弱体化させるという落とし穴にはまらないこと．
4. 未来と可能性をつくる将来の展望を示すこと．
5. 関係者全員が受け入れられる，新しい展望が開かれ，前進を可能にする，具体的な目的を見つけさせること．
6. 新しい情報を生み出し，それに対する取組みを促すような質問を行うこと．
7. チームの既存の強さとリソースに，一貫して焦点を合わせること．
8. 改革を進め前進するため，外側からの視点（批判的なものも含める）を提供すること．
9. 中立的立場を保ち，意識し，対象者と同じ目線で行動すること．

10. チームの問題解決能力を信頼すること.

11. コンサルタント自身が決定するのではなく, リーダーと関係者による決定を尊重すること.

12. どんな場合でも, 関係者の自主性を重んじること.

13. コンサルテーション・プロセスにおいて, 取り決められた期間を守ること."Never ending party（終わりなきコンサルテーション）"はしない.

14. 自分のコンサルテーションの限界を認めること.

15. 解決策を注意深く導き出し, 関係者の職場環境を改善すること.

8.3　効果を実感する

　透明性のあるコミュニケーションによって有益な展望を創り出すことができれば, 目標達成による効果を実感することができる. あるいは少なくとも損失がない状態にして, 目標達成のスタートを切れる状態にできる. このような環境であれば, 解決に向けて, チームが独自のリソースを開発したり, チームメンバーの能力と強みを総動員させることができる. こうすることで関係者の職場環境をはっきりと改善することができる. コンサルテーションを受ける側も再び軌道に乗ったことがわかるだろう.

　解決志向は数ある優れたコンサルテーション技法の1つであり, 改革を推進している関係者の職場環境を改善することを目的にしている. これは各リーダーへのポジティブな影響を与える. これこそが, ニューオーソリティの考え方である.

8.4　付説：コンサルタントの見解

コンサルテーションの最初のプロセスでは，依頼の内容(テーマと対象物)を説明し，「予測可能な島」(F. B. Simon)を創り出し，複雑性を小さくする．私はこの最初の対話を今後のプロセスの主要なカギを握る対話，または回避できない幕開けを示すものだと考えている．相談者との取り決め(コントラクティング)は，コンサルテーションの成功とすべての関係者の職場環境改善にとって，きわめて重要な役目をもつ．「コントラクティング・コンパクト(実施可能な取決め)」の目的は，相談者と一緒に以下の2つの事項を定めることである．

①　理想像.「グローバル・ゴール」

②　適切なセッティング．この目的を達成するために，誰が関係するか？　どの程度の期間が必要であるか？

人は問題を認識し，それを説明する場合，問題に夢中になり，「抜け出せない状況(stuck state)」に陥る場合がある．関係者も同じく問題に取り憑かれるため，行動が限定されてしまう．この段階では，目標と解決策への視点が誤って調整されていることが多く，「問題」をより深く掘り下げることによって，状況はさらに悪化する．すでに詳しく説明したように，関係者がその面子を汚されたり，攻撃されていると感じたり，犯人を探し始めようとすることを回避することができなくなるためだ．このため，解決志向のアプローチでは，コンサルテーションの開始時点では，相談者の問題に対する現状と感情に焦点を当て，原因追及はしない．

対話には，以下のルールと行動が有意義である．

・該当する人物を尊重すること．
・何が問題として認識されているかを認知すること．
・解決志向で，現状と感情に関する問いかけを行うこと．
・すぐに解決策を探さないこと．
・これまでの努力を認めること．

・最初の出発点として，理想像(global goal)を検討する.

　対話の最初の段階では，リーダーが困りごとを発言する傾向があり，しばしば多くの情報量を扱うことになる．コンサルタントは根気強く耳を傾け，すでにあるリーダーの強みについても聞き取る．それから，リーダーに質問をしてもよいかを尋ねる．この時点から，対話を先導するのはコンサルタントとなり，コンサルティング・プロセスが開始されるため，これは対話において肝心な点である.

　以下に8つの重要な質問と，より深く理解するための補足設問を示す.

1．あなたは何を発展させたいのか？あなたの目標は何か？

・すべてが現状維持のままだとしたら，どうなるのか？

・この状態のメリットは何か(誰にとって)？

・あなたや他の人が，どうやって問題を悪化させるのか？

・問題のある状態における例外はあるか？どこが違うのか？

・あなたの(非常に大きな)目標を段階的に分けるとしたら，最初の部分的な目標は何か？

・問題はいつから続行しているのか？

・この状況を変えたいというあなたの希望を1～10まで等級づけすれば，どのような等級になるか？

2．コンサルテーションの成果がきちんと出て，有益であることは，どのようにして判別できるのか？

・改善されたという最初の兆候は何か？

・コンサルテーションが成功したというのは，どのような判断基準でわかるのか？

3．コンサルタントとしてうまくやれたとすれば，どうやってそれを知るのか？

・相談者はコンサルタントにどのような役割を期待していたのか？

・相談者にとって，コンサルタントの能力はどのようなものか？

4．相談者や他の人は，どのような利点を得るのか？

- 目標を到達したとすれば，誰がどのような利点を得るのか？
- 問題が未解決のままであるとすれば，誰がどのような利点を得るのか？

5．解決策のために，これまで相談者が試みたことは何か？

問題のある状況においては，相談者側ですでに努力と貢献を惜しまなかったことや，よいことを実施していることが見逃されている．それらを評価すること！

6．どうすれば相談者の理想像を導き出せるのか？

相談者が自分でするべきことを見つけることが一番である．チームメンバーと，自分自身は，どの方向性であれば自分たちの心を動かせるのかを知っているはずだ．

7．誰と対話する必要があるか，どのような質問をすべきか？

- 解決に貢献できる人物は誰か？
- アドバイスの対象となる最も小さい集団はどのチームか？
- 対話から，省いても大丈夫な人物は誰か？
- 欠けてはならない人物は誰か？
- 期間はどれくらいか？
- 組織の中で誰が影響を及ぼしているのか？

「できるだけ少人数で．ただし重要な人物は多く」(F. B. Simon).

8．まだ聞いていない重要な事項はあるか？

すべての関係者から理想像(「global goal」)が承諾されると，解決志向を用いたコンサルテーション技法であるリチーミングの手順をさらに進めることができる．

- 目標とする状態の説明（理想のシナリオ）
- 目的を考える
- 目標達成のメリットを自覚する
- 気持ちが一つになり，前に向き始めていることを対話の中から感じ

取る
- サポーターを募る
- 具体的な手順を検討する
- 役割分担をし，活動計画を作成する
- 実行中の壁となる課題を認識する
- できる理由を見つける
- 個人的な貢献を約束する
- 進歩を監察する
- 起こり得る後戻りに対する戦略を探す
- 成功を祝う

こうすることで，しっかりとした建設的なコンサルテーション・プロセスを邪魔するものは何もなくなる．

> **重要な注意事項：**
> コンサルタントが，例えばリーダーとの間に競争心が出てきてしまったり，中立性を失ったり，決定を促進させたり，リーダーに代わり実行してしまうことは，リーダーを弱体化することになり，決してあってはならない．

> コンサルタントを利用する場合は，コンサルタントは相談者との取決め（最終目標や社内の誰を参画させるか，どのくらいの期間が必要かなど）を最初にしっかり話し合い，リーダーやチームに対し，触媒のようになり，化学変化を起こせることが大切となる．チームの能力を十分に発揮させるために，リーダーの動きを強化できるかどうかが重要である．

監訳者解説13　リチーミング（チーム再構築および組織活性化技法）

　リチーミングとは，1980年代後半にフィンランドの精神科医ベン・ファーマン氏と社会心理学者のタパニ・アホラ氏が開発した解決志向を中心とした組織開発プログラムであり，現在世界25カ国に広がりを見せています．これらを学べるテキストを示します．

 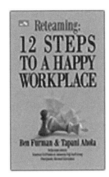

『強いチームをつくる技術』
（ベン・ファーマン，タパニ・アホラ著，ランスタッド㈱EAP総研監修・編集，佐俣友佳子訳，ダイヤモンド社，2010，右はインドネシアでの出版）

　原著者のガイスバウワー氏は，リチーミングをオーストリア・ドイツ・スイスで展開しています．監訳者の川西由美子と岩嵜薫は，日本，ベトナム，インドネシアでリチーミングを各国に受け入れられやすいように改変し，展開しています．これらを学べるテキストを示します．

『チームを改善したいリーダーのための心の好循環サイクル』
（川西由美子著，pp.42〜59，日科技連出版社，2015，右はベトナム語版）

第9章

解決志向型のコーチとしてのリーダー
―果たして機能するのか?―

コーチとしてのリーダーは果たして機能するのか

　私がリーダーに，リーダーとしての役割について質問をすると，彼らは自分たちが担うさまざまな役割をあげる．問題解決をする決定を下す人，夢を語れるパイオニア的存在，戦術を考える政治家のような存在，そして頻繁に出てくるのは支援者としてコーチのような存在である（**図9.1**）．コーチとしての役割はマネジメントにおいて重要性を獲得しているようだ．「コーチをするマネージャーは，コミュニケーション能力が高いと見なされる」（Fischer，1998）．

　しかし，コーチの役割は，本当にリーダーの役割の中に入るのだろうか？

　先導することとは，相反するものに，建設的にうまく対処することを意味する．厳しい成果を要求して，なおかつ同時に周囲との良好な関係を維持することは可能だろうか？　私は，ニューオーソリティの考え方を導入することにより，これは可能であると考える（**図9.2**）．これを自覚することで，溝を埋めることができ，実現化に向けてバランスをとることがすべてのリーダーにとって可能となる．

　上司と部下のコーチングにおいては，リーダーとコーチの機能がもともと異なるため，さらなるジレンマが生じる（**図9.3**）．主にリーダーは，

図9.1　リーダーの役割範囲

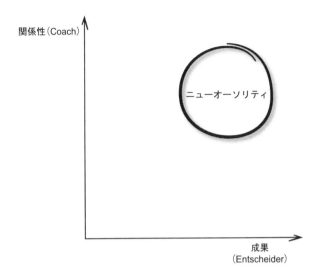

図9.2　関係と成果

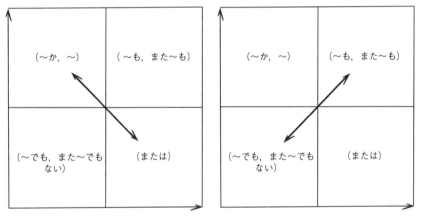

図9.3　決定者（リーダー）の軸，コーチの軸（Simon, 1995）

決定者の軸にいて，すなわち「～か，または～」という判断をする次元
で動く一方，コーチは「可能性の国」にいる．「～も，また～も」という
ように，さまざまな意見に共感し，相手が意志決定するためのサポート
がコーチのモットーである．リーダーは決定を下し，成果を求め，評価

し，判定を行う．それに対して，コーチはオプションを提供し，対象者に決定を任せる．コーチは評価も判定も行わない．

　多くのリーダーは，解決志向型のコーチとして組織をコンサルティングすることを，従業員の援助と発展のための措置だと理解している．コーチの役割において，コーチはその依頼に対して最善を尽くしたいと考え，対象者を最適に支援しようと努力し，その潜在力を発展させたいと考える．そして同時に気のおけない事業パートナーでありたいと考えている．これらはもちろん，すべて善意からのものである．しかし，実際の実践場面においてはどうだろうか？　リーダーが解決志向型のコーチとして動くとき，矛盾点を一切含んでいないといえるのか？

　リーダーが解決志向型のコーチとして動くとき，コーチされる人に対して自身の関心や組織の決まりを無視することを許すことができるのか？またはその逆で，コーチされる人はコーチであるリーダーに自身の困りごとをオープンに示すことができるのであろうか？

　コーチとは，いったいどのようなものだろうか？　私はコーチは，コーチされる人が職場で生じる問題を，自分の責任で自主的に解決することを目的としたコンサルテーションのプロセスを行う人だと理解する．「この際，認知的自律性，すなわち決定と解釈の自由を考慮しながら，コミュニケーションによって他者，すなわちコーチされる人に影響を及ぼす」（Fischer, 1998）．このプロセスは，「問題に関連した新しいタイプの行動，または問題に関連した新しいタイプの考え方を目的にしている」（Furmann, 1996）．

　解決策を発展させるための基本条件として，コーチとコーチされる人との目線が同じ高さにあることが必要だ．上司と従業員の関係性においては，同じ高さの目線を生じさせることが難しい．この場合，望むと望まないに関わらず，ヒエラルキーがこれがフラットなものであっても，上下の関係として影響するからだ．コーチされる人の自律性は，必然的にこのヒエラルキーによる差に影響される．これに加えて，上司がコーチ

の場合，コーチとコーチされる人が同じコミュニケーションのネットワークに参加し，コーチがコーチされる人に対して必要な中立性を示すことができない．解決志向型のコーチとしての私の経験の中で対処した内容を鑑みると，リーダーがコーチ役になると，従業員はリーダー自体の問題について問題視しているときに自分の困りことがコーチであるリーダーに言えず，遠慮してしまい，環境改善につながらないことが大半である．このことから，リーダーは，従業員の解決志向型のコーチになるべきではない．なぜならば，関係者の一人ひとりが，問題を構成する一部であり，双方の関係者の誰もが問題に対して客観視ができないためである．

「コーチとして取り扱うテーマが能力の伝授のみであれば，簡単な教育を受けるだけでよい」(Fischer, 1998)．

コミュニケーション理論において，リーダーがその組織のコーチとなるケースは，典型的な関係性の落とし穴（ダブルバインド：double bind）となり，コミュニケーションが大きく妨害され，予測できないネガティブな結果が生じかねない困った状況に，陥らせる可能性があるためである．

　　リーダーが解決志向型のコーチとして組織に介入することは，中立性や対称的な関係が制限，または完全に欠落しうる．そのような状況では，あらゆるテーマを取り扱うことはできず，成果を出したり，解決することは難しい．
　　しかし，解決志向型のコーチという概念の理解を変えて，パートナーシップの形で従業員が正直にリーダーに困りごとを話せている関係性を築けているのであれば，やってみてもよい，というのが私の見解である．

第10章

ニューオーソリティの手引き

　ニューオーソリティは，多くのリーダーがすでにできていることを再認識して，よいことは続けていくことを前提としている．そこで，まずリーダーとしてできていることを探すための手引きをここに記載する．

　ここでは，複数のアプローチ法が可能である．まず，現在の状況を受け入れることから始めれば有意義だろう．すなわち，自分のチームの集団としての機能を再度見直し（10.1節），その後でできていることの自己評価(10.2節)をニューオーソリティと関連させて続行する．続いて手引き(10.4節)を開始する前に，最初の将来の予想図(10.3節)を作成する．現在の状況を分析せずに，10.3節から始めても結構だ．完全に分析をせずに，後から行ってもよい．この場合は，手引き(10.4節)に直接進んでほしい．肩の力を抜いて気軽に楽しんで取り組んでほしい．

10.1　チームの状態を知る

　付録にチームの状態を説明するための質問紙(A.2節)がある．これらの質問に回答すると，自分がリーダーとして関わっているチームの現況を説明することができるようになるだろう．それに関連して，もしかすると重要な結論を発見し，行動が導き出せるかもしれない．

10.2　自己評価をする

　現状(今)と1年後の予定(具体的な日付)について，自分を点数づけして評価し，現状と希望をダイアグラムになるように線でつないでみる(図10.1)．
・その結果，わかったことは何か？
・それは何を意味するのか？
・あなたが学びたいこと，または到達したいものは何か？
・あなたのミッション，発展の旅はどこに向かうべきなのか？
　自分自身で，自己開発に必要なことを確認してみよう！　このとき，現

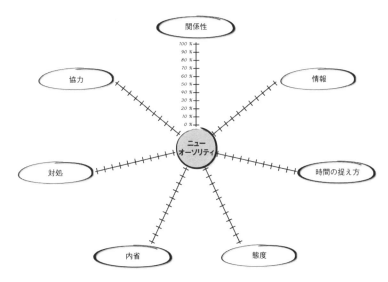

図10.1　自己評価または他者による評価

在と１年後の差が見やすいように，異なる色を使用して記載することを
お奨めする[訳注5)].

10.3　未来を創造する

　付録（A.3節）に，あなたの組織またはチームの未来に関する質問一覧
がある．今すぐに自己評価を行うことができ，その結果に自分でも驚く
はずだ！

10.4　自身の内面を知る手引き[注)]

　ニューオーソリティを身につけるには，自分自身の心を整理して振り

訳注5)　各要素については，3.2節（1）～（7）と表3.1を参照してください.

返るのも，時には必要である．以下の12のステップを実行すると効果的
である．

　セルフコーチング（一人で）か，または誰かと一緒に，個人的に自分の
内面を話してもよい人や解決志向などの専門家などと向き合う．このと
き，タイマーで2～3時間，誰にも邪魔されず，リラックスして作業し
よう．このプログラムは「ミッション・ポッシブル」と呼ばれており，私
が20年以上，個人の解決志向型コーチングをする際に使用している．こ
れは，チーム再構築と組織活性化のメソッド（リチーミング）の開発者で
あるフィンランドの精神科医ベン・ファーマン氏とフィンランドの社会
心理学者タパニ・アホラ氏が考案したものだ（Furmann/Ahola，2010）．

　あなたがストレスを受けている場合は，まずのんびりと散歩に出かけ，
日常業務から離れてみることをお勧めする．その後，バーチャルな旅に
出てみよう．質問と課題に対して，必ず書きだして回答してみてほし
い！[訳注6]準備はいいですか？

ステップ1：時間旅行

　今日から1年後を想像してほしい（具体的な日付も記入する）．すべて
はあなたの予想よりも上出来である．あなたはニューオーソリティへの
道を邁進し，この道を進む決心をしたことに幸福を感じている．あなた
は多くのことを学習し，勇気をもって試してきた．自身の周囲の人たち
からも貴重なサポートを得た．驚いたことに，プライベートにおいても
メリットを享受している．

　その「素晴らしい将来」から，あなたの友人に手紙を書き，ニューオー

注）　この手順は，フィンランドの精神科医であるベン・ファーマン氏より使用を無
　　償で許可していただいた．
訳注6）　原書には各ステップの説明文の後に記入欄がついていますが，本書では省
　　略しています．ノートなどを用意し，実際にやってみてください．

ソリティとともにある今の自分の人生がどのようなものなのかを伝えてみよう．この手紙には，「もしこうだったら，でも…」といった否定形の表現は使用せずに，「こうなっているだろう」というよい表現のみを使って書いてほしい．勇気を出して書いてほしい！　この作業には15分の時間を取ろう．

> 注）　あなたの考えていることが，実現可能な小さな小さな一歩や，ささいな変化と思われることでもよい．どんな小さな変化でも，大きな変化への一歩を踏み出せているのだから．

ステップ2：目標

　人生のビジョンを与えてくれる方向を示す，複数の目標を見つけよう．あなたが達成したいこと，学びたいこと，改善したいこと，止めたいこと，始めたいこと，または終わりにしたいことは何だろうか？この中の最低3つを書き出してほしい．続けて，最初に達成したい目標を自分で決めてみよう．

　もちろん，簡単に書いてもよい．「ニューオーソリティの考え方を用いてリーダーとして指揮をする！」を目標にしてもいい．

> 注）　最初に達成したい目標を赤で囲むこと．

ステップ3：サポートしてくれる人を見つけよう！

　あなたをサポートしたり，勇気づけてくれる適任者のリストを作ってみよう．そして，その人たちをあなたのプロジェクトの重要な協力者にしてみよう．

> 注）　成功を勝ち得るためにはチームワークを意識し，とりわけ自分がリードしているチームはスポーツチームのようなものだと考えてほしい．

┌─ **監訳者解説14　スポーツチームとは** ─┐

　ここで筆者が伝えているスポーツチームとは，集団で勝利を競うスポーツをするチームのことです．そのチームのランクを上位に先導するためには，リーダーは戦意をくじかず，困難な壁を仲間とともに乗り越える環境を与え，希望をチームで導き出す声かけをすることで，チームメンバーが持ち場を完璧にこなせるような環境をつくり，勝利を手にすることを意味しています．

（川西　由美子）

ステップ4：目標達成から得られる利点（メリット）

　自分が選択した目標から得られる利点を一覧にしてみよう．この際，あなた個人のための利点と別の人のための利点を区別して，両方とも考えてみてほしい．

　注）　最低10個の利点を書くこと．

ステップ5：これまでの進歩

　あなたはゼロから始めるのではなく，過去にすでに進歩してきているはずである．つまり，あなたはすでに道を進んでいたのである．それはどのようなステップであっただろうか？

　注）　ここ数日間，そしてこの数週間を思い出して書き出してみよう！

ステップ6：計画

　近い将来実行する具体的なステップを3つ計画しよう．長々とした，複雑な計画は立てないこと！　ステップは，特に最初のものを小さくし，自分に過大な負担がかからないものでなければならない．特に期間は，今

後3週間以内であるべきである．明日すぐに実行できるような最初のステップを計画しよう．

　注）　旅は最初の一歩から始まる．

ステップ7：困難

　目標への負担が大きい場合，もちろんそうであっていいのだが，目標到達は困難な道のりとなる．目標達成の障害になるものを書き出してほしい．

　注）　障害を挑戦する対象物として表現することが，その障害を乗り越えるときに有利になることが多い．

ステップ8：確信

　困難があっても，目標を達成できるという確信をもたせてくれるものは何だろう？

- 自分自身のどのような強さ，能力，リソースを信じることができるだろうか？
- 周囲から，どのようなサポートを得ることができるか，またはサポートを得られるように自分で手はずを整えることができるだろうか？
- あなたが利用できるものは何だろうか？

それらを書き出してみよう．

　注）　過去の成功を振り返ってみよう！　なぜ成功したのだろう？　その中にヒントがある．

ステップ9：約束

最初の一歩を近いうち（厳密に何月何日）に踏み出す，という決意を書

き出してみよう.

　こうすることで，目標に前に向かって進むことができる.

　注)　あなたを応援してくれる人に，最初の一歩を伝え，共有しよう！

ステップ10：思いがけない壁（失敗）

　目標を達成するために，どのような思いがけない壁（失敗）が待ち受けているか，思いつくものを書き出そう（表10.1）．どのような情報があなたにとっての壁を意味するか，考えてみよう．突然後退しなければならない状況が発生することを予測し，あらかじめ精神的にこれらの壁と最初から最後まで向き合ってみよう．そこから，思いがけない壁（失敗）を回避できる戦略や，敗北を最低限に，しかも限定的にできるような戦略を導き出そう.

　注)　失敗に対応するための建設的な方法をあらかじめ見つけだそう！

ステップ11：進歩の日記

　自分が進歩したと思ったら，その都度書き留めよう．こうすることでプロセスを記録できる．記録するために表を使用して，日付をつけて決めた期間に振り返り，記入するなど，自分なりの方法を見つけ出そう（**表10.2，図10.2**）．

　注)　進歩したことを意識することで，目標達成の確信が強くなる.

表10.1　考えられる壁（失敗）に対応する

考えられる壁（失敗）	成功するための戦略

表10.2 進歩の日記

日付	進歩の証拠となる出来事や周囲の変化，自分の気持ちの変化など	応援者がどんなサポートをしてくれたか	点数づけ 0～100%	備考

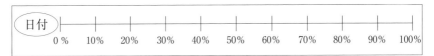

図10.2 進歩の等級づけ

監訳者解説15 明文化することのメリット

思っていることを書き留めるプロセスでは，まず頭の中でさまざまな考えや感情を出し，表現するためにわかりやすくまとめようとする調整機能が働き，漠然と思っていることがクリアになります．

次に，頭の中でまとまったことを書き出すプロセスでは，書くときに，さまざまな記憶や未来への期待などの文字から受ける印象で，再び考えや感情にも変化を及ぼします．

そして書いたものを読み直すプロセスで，また再び考えや感情が刺激され，新たなマインドセットとともに，記憶が定着化し，次のアクションを起こすときの大きな原動力となります．

(川西 由美子)

ステップ12：成功を祝おう

あなたが自分の目標を達成したら，その成功に誇りをもてる．では祝

おう．自分を応援してくれた人とともに進んできた道を振り返り，その人に感謝しよう．親切な応援者がいてくれたことを喜ぼう．進歩するために何が作用したのか，自分で分析しよう．

注）　自分自身にも何かよいことをしてあげよう！　例えば食べたかった嗜好品を食べる，行きたかった場所に行くなど，自分が嬉しいと感じる自分へのご褒美を与える．

振り返り

4〜6週間ごとに定期的に自分自身の振り返りをすることで，ニューオーソリティの展開プロセスを確実にすることができる．こうすることでニューオーソリティに少しずつ養分を与えることができ，そこからさらにエネルギーが生まれる．自分自身の心を整理して振り返るとき，解決志向を学んだプロのコーチと対話をすれば，さらに心の内を客観的に見て意識を深められるだろう．

振り返る時間をもつことは，自分の行動の質を見つめ直すことであり，リーダーとして最も重要である．

第11章
ニューオーソリティの展望

　私たちは知ってはいたが，理解していなかった．情報が豊富だったにもかかわらず，認識できていなかった．知識を詰め込んでいたが，経験が不足していた．そのようにしてやってきて，自分たちではそれを止められなかった．

ロジャー・ヴィレムゼン

　過去ばかり掘り下げず，仲間と一緒に将来を見通してみよう．将来は今始まったばかりだ．ニューオーソリティは，私たちを待ち受ける未来においても必要とされているのだろうか？　私の答えは，Yesである．この目まぐるしく変化する環境において，必要とされうるものがあるとすれば，それはゲーテの言葉，「意志を固持する者は，自身の世界を形成する」が示しているように，まさにニューオーソリティはよい環境を作り上げるための意志であり，これから必要とされる考え方なのである．環境の変化が激しい時期に考えが揺れ動いていると，悪影響が拡大してしまう．ニューオーソリティの考え方を用いるリーダーは，すぐにはプラスの方向に変化させることはできないが，従業員を巻き込み，彼らとの共同作業によって，世界を少し，または大きく，一歩前に進めるための多くのことを達成できる．世界はそれを切実に欲しているのだ．

11.1　デジタル化とニューオーソリティ

　デジタル化とニューオーソリティは，協働できるのだろうか？　デジタル化が，新しい組織構造をつくり，組織の縦割りをなくし，ヒエラルキーがなくなる，ということを信じてよいのか？　すべてを破壊することなく，社内の革命は行えるのか(Büchner, 2017)？　ニューオーソリティも破滅するのではないか？

　私が考えるに，変化しなければならないことが多く，事業運営に大幅な影響が及ぶ場合はなおさらだ．デジタル化ネットワークの果たす役割は大きく，ヒエラルキーがフラットになることが前提条件となるだろう．

これによって，ニューオーソリティの考え方を用いたリーダーの存在が
まさに必要とされるため，そのリーダーの価値はより高まる．

　ダニエラ・キックルの著書，*Apple intern*のカバーに印刷された宣伝
文には，このように書かれている．「Appleは彼女にとって神話であった
ため，美しい広告の裏で実際に何が行われているのかを認めたくなかっ
た．彼女は情報科学者として3年間そこで働き，すべての弊害を詳細に
メモし，スクリーンショットを撮って記録した．そしてこの書類の束を
マネジメント全体に送信した．批判することだけが目的ではなく，より
人間らしさを求める変化の提案も行った．この批判的な社員に対して，会
社は処置を検討した．彼女は口を閉じ，抵抗せずにじっと耐えなければ
ならなかった．しかし，ダニエラ・キックルの「何かを変えたい」とい
う気持ちは残った．この理由から彼女は本書を執筆した」(Kickl, 2017)．

　Facebook，GoogleやMicrosoftでは組織的な改革は起こったのか？

　「組織的な改革を謳っていても，企業の中で，機能的な作業分担，ヒエ
ラルキー構成，プログラムによる作業の構造化以上に堅調なものは，ほ
ぼ存在しない」(Büchner, 2017)．

　私が特に陳腐で，人間を侮辱していると思うのが，再び流行りだした
大部屋のオフィスだ．これは元来ヒエラルキーを壊し，組織内のコミュ
ニケーションの改善を行うためのものであるが，現実は，人をチェスの
駒のように扱い，単に配置替えのみを行い，問題の本質に触れず，何の
改善もできない組織が存在するからだ．

11.2　強迫的な疎外感から共感へ

　「経済成長，技術革命による迅速な加速とそれに関連する成長に対する
希望は，西側諸国では崩壊している．この250年間ではじめて，保護者た
ちは，自分たちの子供が自分たちよりもよい生活を送るとはもはや信じ
ておらず，それどころか，際立った危機的状況が，できればあまり悪化

せずに，彼らが少なくとも自分たちが達成した標準を維持できることを望んでいる」(Rosa，2012).

　ハートムート・ローザは，その著書と同じ題名の講演(2012)でこう述べている．親の世代は，個人と集団が成長，加速，革新を促進するために，エネルギーを動かして，それが可能であることを信じていた．そのための心理面と身体面への過負荷の裏側で，バーンアウトが見られるようになったという．ローザはマスラックと同じく(**第6章を参照**)，バーンアウトとは，傾向として，仕事の多さや「競争」への強制から生じるものより，職場環境に起因するものが多い，としている．

　仕事で何も「フィードバックがない」，共感が得られない場合は，成功を認知されず，祝福してもらえず，自身の成果が単なる歯車の一つのように感じ，評価されず，関係性が行き詰まり，有意義な課題であるはずの仕事への意欲が失われる．つまり職場での共感がなくなったとき，鬱的なバーンアウトに陥る大きな危険が生じる．その特徴として，以下の2つの兆候が見られる.

- 仲間意識を強くする「共感」やねぎらいの気持ちの損失
- 自身と周囲に対する冷笑主義の増長

「仕事において，従業員が評価されず，自分自身と自分の業績の意味が認識できなくなると，疎遠感が生じる．それは共感の欠如と，無意味さを経験することを意味する．共感体験が欠如すると，仕事は苦痛以外の何物でもない．それに対して，私たちが仕事を通じて達成したことに愛着を感じ，喜びを見出し，私たちがやったことの中に，自分の存在価値であるアイデンティティを見出し，私たちの業績について，他の人々から認知と賞賛を得ることができれば，仕事は共感体験となる」(Bauer，2015).

　"Resonare"とは，Duden(ドイツ語の辞典)によると，「活発な共鳴」である．共鳴とは，振動する2つの物体間で，一方の振動によって，他方も振動させることである．例えば，ある2人が十分に近くにいること

を前提として，1人が音叉を鳴らすと，もう1人が持っている音叉も振動する．共鳴は強制できない．ともに振動できる条件が揃っていた共鳴空間でのみ生じる．共鳴はエコーではなく，応答関係である．双方が自身の声を出し，互いに刺激し合い，届くように，充分にオープンな関係を作ることが前提条件だ．共鳴とは感情的な状況ではなく，関係性の様態において生じる（Rosa，2016）．

この「接触し，接触されること」としての共鳴関係を，ニューオーソリティにそのまま適用することができる．これによって関係性の質が最適化され，互いの大きな潜在力が現れる．しかし私は共感をリーダーの道具ではなく，むしろ，成功した関係性の結果として，特に仕事の文脈だけにとらわれない現象として考えている．

> 職場での作業に意義を見出すには，フィードバックや，仕事の成果と質の評価を受けることが必要である．真の参加が可能であれば，関係性を形成する余地が生まれ，必ず共感体験につながる．

11.3 おわりに

従来の組織開発アプローチは，変化プロセスに欠かせない人の心理的側面に触れるソフト面の要素を，軽視や無視した場合，短期的にしか機能しなかったり，空回りすることがあった．「では，どこに心理的側面の要素を探せばよいのか？」，「それはテーブルの下にある！」，「でもどこにも見つかりません」，「確かに．見ることはできないが，全員が感じることはできる．なぜなら，それは常に存在するからだ．」

心理的側面の要素は，言葉では表現しづらいものであるが，確実に存在する．

「私はあなたを信頼できるか？　あなたは誠実か？　私たちの共同作業

は信頼できるか？　私は罰せられず，自由に意見を言うことができるか？」

　組織は，静かな船の操縦室にいる孤独な航海士による航海計画に基づくものではなく，関係者とのコミュニケーション・プロセスによって展開する．透明性のあるコミュニケーションによって，組織開発のプロセスに必要な信頼が生まれる．一対一の内密な話し合いだけでは，それは不可能だ．また継続的に上からの圧力がかかれば，関係者の創造性が損なわれ，未解決の衝突が貴重なエネルギーを低下させる．

　ニューオーソリティを身につけて現場経験を積めば積むほど，心理面のポジティブな要素が展開する．そして，ニューオーソリティの考え方をもったリーダーのもとでは，組織は一致団結，意義の創造，共感を手にする．すなわち，うまく共同作業（協働作業）ができる健康な組織には，ニューオーソリティを身につけた健康な人間がいるということだ．

付　録

A.1　マスラック・バーンアウト・インベントリー^{訳注7）}

マスラック・バーンアウト・インベントリー（MBI：Maslach Burnout Inventry）は，組織に大きな変化があるとき，従業員への影響を突き止めるための，頼りになる質問用紙である．その結果は，回答者の思っていることの情報と集団の現在状況の洞察を提供する（Maslach, 2001）．

以下は，従業員アンケートによる職場環境チェックのための質問例である．

（1）　組織の認識とその影響についての質問

・変化：変化の認識（change）

この6カ月間で，職場環境や組織の事務・販売・サービスを含む業務品質が改善しましたか？

　・模範：目標と使命の一致（目標を達成するために，従業員のするべき使命）

組織の目標は，毎日の仕事に影響を与えますか？

　・リーダー：リーダーがどれだけ巧みに目標に興味を向けさせているか

リーダーはしばしば適切なコミュニケーションをとり，目標についてを従業員と話し合っていますか？

　・客観視：従業員は直接の上司をどう見ているのか

直接の上司は環境や業務の品質を改善するために，革新的：創造的な考えを奨励していますか？

　・コミュニケーション：従業員はどのようにして組織についての情報を受け取るのか

組織についてのあなたの普段の情報源は正しいですか？

訳注7）　本章では，ヨーロッパなどでも組織改革に使われている質問紙を紹介しています．参考にして適宜お使いください．

・フィードバック：フィードバックを社員がどう受け止めるか

能力評価のフィードバックについてどのように感じていますか？

・健康と安全：健康，キャリアまたは快適さ

仕事の際に，お客様や周囲から大声で怒鳴られるような危険にさらされますか？

・家庭と仕事：仕事領域の家庭への影響

仕事が私生活を侵害していますか？

（2）　個人的な状況についての質問

・仕事の量：会社が要求する仕事は実現可能か，または圧倒されてしまう量か

1日分の仕事として対処できる以上のことを要求されていますか？

・自律性：仕事を自ら考え，実行できているか

与えられた仕事に関しては，あなたが責任をもって遂行すべきと思いますか？

・報酬：報酬と評価システムの効果

報酬の内訳が不透明で，個人的な賞賛が足りないと思いますか？

・共同体：スタッフとお客様からの通知に対してポジティブに反応するための，組織の準備態勢

異なる環境や文化をもつ顧客の，さまざまな事情を考慮して，組織としてよい仕事をしていますか？

・公正さ：従業員間の敬意と公正さ

組織内では，お互い敬意が感じられますか？

・価値：仕事に関しての個人的なまた組織の価値

この仕事は，あなたが重要だと考えていることを行う機会を与えてくれますか？

・個人的経験，エネルギー：感情的，創造的または精神的なエネルギーについて

仕事のために感情的に疲れてしまっていますか？

- 巻き込まれていること：仕事に関しての綿密さ，または冷笑主義について

この仕事に就いてから，人に対して冷淡になりましたか？

- 効果：仕事の個人的な能力への影響

顧客とのかかわりや仕事内容において，仕事の後，達成感を感じていますか？

- 健康問題：仕事上のストレス

眠れないことはありますか？

- 精神状態：仕事への満足感

選んだ職業または仕事に，ほぼ満足していますか？

A.2　メール・システム・アセスメント

　メール・システム・アセスメント(MSB：Merl System Bewertung)を紹介する．チームの状態を自分で説明する内容と，他者から見たチームの状態に対し，これらの像がどこまで一致するか，どこに意見の相違があるのか？　最後にどのような結論を出すことができるのか？　結果として行動を起こす必要が出てくるのか？　考えてみよう．自分のチームと組織環境は，目標(製品/サービス)に合わせて調整されているか？

(1)　チームの状態

- 指導は明瞭で，重要な問題において調整されたり，合意されたりしているか？
- 指導はチーム内で受け入れられているか？
- 指導は目標に対して貢献しているか？
- 明確な目標があるか？
- この目標はチーム内で十分に話し合われているか？

- この目標は関わるすべての人から承認されているか？
- 目標に合わせて役割は相互に調整されているか？
- それぞれの作業能力は目標達成に役立つか？
- 過大な要求を制御するバルブのような仕組みはあるか？
- ルールは明確に調整されているか？
- ルールは順守されているか？
- 公式なルールと暗黙知のルールとの間に差はあるか？
- フローチャートは実際の構造に対応しているか？
- チーム以外の組織の人々が相互に協同するようになっているか？
- チームの構造は，組織として機能しているか？
- 環境改善は全員参加で行われているか？
- チームワークはとれているか？
- 環境改善しながら目標に向かっているか？
- 他の組織や周囲との相互協力は機能的か？

（2）　個人と環境改善

チームが要求することは，人間らしさの維持と可能性の追究をさせることができるか？

- 従業員の能力と技術の発展は，組織にとり，どのような価値があるか？
- 昇進ないし，専門的な力を伸ばす可能性が提供されるか？
- 能力のある者には注意が向けられるか，また報酬制度は透明か？
- 適切な休養を得ているか？
- 従業員のための，十分な話し合いの機会，そしてそれを生かす組織の改善の意志はあるか？
- 人々は会社と感情的に結ばれていると感じるか？
- あなたは自分の，仕事の際の積極的な働きの度合いを客観的にどう評価していますか？

- 例えば，関係の質について，未解決の対立について，決定の欠如について，適切なリソースについて，発展の可能性について，能力のフィードバックについてなど，このチーム内の組織環境を言葉で表現してください.
- 行動変革の必要性はあるか？どのような行動変革が必要か？

（Merl，2017）

A.3　バーグ・フューチャー・デザイン^{訳注8）}

バーグ・フューチャー・デザイン（BZE：Berg ZukunftsEntwurf）は，非常に短期間で，組織のダイナミズムの本質的な要素に焦点を当てることができる．そして，最終的に，改善のための開始点を見つけることができる.

「あなたの意見をお願いします：（Yes，Noの回答ではなく意見を書かせる）」

- 現在の基本的な会社理念は，どのようなものですか？
- 将来の基本的な会社理念は，どのようなものになるのでしょうか？
- 顧客は私たちから何を必要とし，何を私たちに望むのでしょうか？
- 将来，どのような形の外部からの圧力が，組織に影響を与えるでしょうか？
- 将来，どのような形の内部からの圧力が，組織に影響を与えるでしょうか？
- 将来，顧客は私たちについて，どのような評価をするでしょうか？
- 将来，一般の人々は私たちについて，どのような評価をするでしょうか？
- 将来，私たちの部署では，提案，請願，プロジェクト案について，ど

訳注8）　原書には，各質問文の後に記入欄がついていますが，本書では省略しています．ノートなどを用意し，実際にやってみてください.

のようなプロセスで決定がなされるのでしょうか？

- 私たちが提供した仕事は，どのような結果を示すのでしょうか？　私たちが提供した製品は，どれだけの成果をあげ，どれだけ満足してもらえるのでしょうか？
- 将来，私たちは，成果をどのように測るのでしょうか？
- 将来，私たちは，何に誇りをもつのでしょうか？
- 将来，私たちは，何を私たちのところではもう残念だと思わない／残念だと思うのでしょうか？

（Insoo Kim-Berg，1997）

A.4　リチーミング

問題に対しては，誰もひとりぼっちではない．しかし誰もが，その解決に責任がある．

ベン・ファーマン

　以下の説明は，フィンランドの精神科医ベン・ファーマンと社会心理学者のタパニ・アホラが開発した，リチーミングというチームを再構築，改善させるためのプログラムの基本的概念で，ハリー・メールによって英語からドイツ語に翻訳された[訳注9]．

（1）　能力，強さ，土台について話し合う組織開発

　チームの改善を始めるとき，チームを特徴づける能力，強さ，土台について話し合い，それをリストに書き出すことは有用である．

訳注9）　監訳者解説13（pp.124～125）を参照してください．日本語版は，川西由美子と岩嵜薫によりドイツ語版から翻訳しています．

（2）　問題を目標に変換する

　私たちが人に関しての問題について話すときは，しばしばマイナスの雰囲気を作り出す．人は何が問題の原因かを考えると，さまざまな派生する問題が次々と絡み合い，間もなく絶望的になることもある．しかし目標について話す方法は建設的である．私たちが発展させるイメージは，ポジティブで，勇気を与え，やりがいがある．

　私たちの問題を目標に変えると，私たちはそれに建設的に取りかかることができる．それはより容易であり，心地よく，なぜ私たちが信頼できないかについて悩む代わりに，信頼を築きあげる．

　チームの話し合いでは，以下のことを守らなくてはならない．

　「お互いに批判することはやめよう」，「他人の気持ちや事情を興味本位で根掘り葉掘り聞くのはやめよう」，「話し合いでの欠席を減らそう」

　もし参加者が，目標達成をやめよう，と提案したら，あなたは他の目標を定めるために，次のような質問で刺激を与えるとよい．

　「この状態を変えるために，何をすればよいですか？」，「他人を批判し，興味本位で接する代わりに，何をするべきですか？」，「マイナスの態度が減ると，どのような結果になりますか？」

　このような質問によって，対話を途中で止めずに，参加者が問題を，追う価値のある目標として捉えられるようになる．

　しばしば参加者はまず問題の原因について話そうとするが，質問の仕方を工夫することで，彼らは驚くほど速やかに，先に目標について意見を交換しようという気になる．

　問題について誰も話す気がないときは，チームは問題をリストアップすることを始めるべきではない．問題のみをリストアップするのは，参加者が彼らの声を出し，問題が隠蔽されないという感覚を得るためのことに過ぎないからだ．

　その代わり，さらに問題の扱い方を発展させる以下の方法がある．参加者を一時的に 3 ～ 4 人の小グループに分け，このグループでの気楽な

会話の中で，困りごとについて議論する機会をもてば，参加者は互いに問題点をあげることができる．そこで解決志向（5.3節）を用いることで，また問題を目標として捉えることができる．

（3） 目標を選択する

　複数の目標を，同時に達成しようと試みることは難しい．1つの目標に集中できたら，高い確率で成果を得るだろう．目標を達成したら，より楽観的になり，そして（もし非常にうまくいけば）この楽観は雪だるま式に発展するだろう．まず1つの目標の方向へと進むことは，他の目標にもポジティブに作用する．1つの目標を選択することは難しいかもしれないが，チームは限られた時間内に達成するために，全員が支持することができる1つの目標について，合意ができるようになるべきである．どの目標が，他の目標にも一番役立つ影響を与えるかを見出すことは有益である．参加者は，1つの目標を選択する際に，自分達がリストにあげた目標の多くが，表現方法は違うが内容が重複していることに気づくだろう．共同作業，連帯の精神と自分の仕事への喜びは，多少なりとも同じことに関連している．リーダーは全員が合意できる1つの目標を探すように援助するべきである．1つの目標が決まれば，あなたはすでにうまく歩み始めている．

（4） どんな利益を期待できるのか語る

　目標を設定することは，目標の達成がもたらす利益を全員の目前に示すことには必ずしもつながらない．目標達成の利点（メリット）も改めて考えるべきである．それを達成することが，明確な利益をもたらさない目標は，「空虚な」目標である．

　このような目標は，人をやる気にはさせない．人は目標に到達したとき，それがもたらす利点を見て，初めてそれがおもしろそうと感じ，やる気になる．チームのメンバーがプロジェクトの目標，作業の変更に協

力的でないことに，しばしば不満が出ることもある．しかし，達成する
ことの利点を理解すれば，チームのメンバーは努力するだろう．

　利益についての討論では，特定の利益について質問することによって，
さらに展開することができる．例えば参加者が，「もし特定の目標を達成
することが自分達に利益をもたらすのであれば，仕事の後でもあまり疲
れを感じてはいないだろう」と言ったとき，「では仕事の後であまり疲れ
ていなければ，それは何をもたらしますか？」と訊ねることができる．も
し誰かが，「そうであれば，仕事の後にまだ何かをするためのエネルギー
があります」と答えたら，さらに「仕事の後で，エネルギーがあったと
したら，それは何をもたらしますか？」と訊ねることができる．このよ
うな種類の質問は長い利益の鎖を作り出し，それはチームのメンバーが，
期待される利益の予想を拡大することを助け，また喜んで課題に取りか
かるモチベーションの向上を促す．

（5）　リチーミングプログラムで大切にしていること

　リチーミング[訳注10)]という技法は，困難から未来を作り出し，理想を実
現することに長けている．できないことの理由探しをせずに，希望につ
いて討論するためには，意識を困難から未来へ移すことが必要である．困
難を抱えるチーム全体で問題点を話し合い，解決志向のプロセスで目標
に変換できれば，心がつながり一致団結できるため，皆が惜しみなく能
力を発揮して，目標達成の可能性が高くなる．

　チームはしばしば，「労働環境を改善する」，または「よりよいコミュ
ニケーション」というように，漠然とした概念や具体的に説明されてい
ないものまで，曖昧で抽象的な目標をおくことがある．曖昧で抽象的な
目標を達成することは難しい．１つの目標を有用な目標にするためには，
チームが「私たちはこの目標で何を意図しているのか？」，「何のために

訳注10)　監訳者解説13(pp.124～125)を参照してください．

目標を作っているのか？」という問いの答えを見つけなければならない.

あなたは次のようなよい質問をすることで，援護することができる.

- 目標達成のメリットは，実務のうえではどのように現れますか？
- 目標達成で環境が変わった過去の例を教えてくださいますか？
- 目標達成によって何が変わると予測しますか？
- あなたの顧客，マネージャー／同僚は，あなたが目標達成に成功したことに，どこで気づきますか？
- あなたが本当に目標達成に意義を感じ，進歩をしたことを，懐疑的な人にも納得させるものは何ですか？

解決志向での対話では，メンバーが障害について心配したり，問題について再び話し始めた場合には，リチーミングコーチは自分の意見を先に言わず，まず我慢をする.「チームは，目標の達成を妨げる障害因子について話すことにより，不安を共有して次のステップを討論できる」と，チームに伝えることができる. この討論がまたも問題に立ち戻ったなら，参加者に「あなた方はその問題や障害を解決することを望まないのですね. ではその代わりに何を望むのですか？」と質問し，関心を目標に向けることができる.

（6） どのようなステップを踏むことができるかをまず考える

小グループでの共同討論で，どのようなステップ（はじめの一歩，個人の貢献，ルールなど）を検討することができるかについては，文章にしたり，文字や図表を使い，見える化されなければならない. 全員の前でこの結果が発表され，続いて参加者は，チームで決めたステップについて合意をする. 見える化し，丁寧に解説してから，合意に至るべきである.

（7） 変更のステップ

対処プランを考える場合は，それが小さなよいステップを含んでいるということに注意しなければならない. このことには多くの利点がある.

目標が対処可能な小さな目標に分割されていると，人は楽観的でいられる．実際に，小さなステップの連続であるという想定は，チームにその夢を実現するために今，自分は何をしなければならないかを気づかせることができる．

　続いて，中間目標を置くことは，参加者を成功への道へ誘う．目標が十分に小さな中間目標に区分されると，「中間での成果」に気づくことも可能になる．

　説明するステップは小さければ小さいほどよい．もしステップが大きすぎるときは，リチーミングコーチが「それはずいぶん大きなステップのように見えます．適切な区間目標を設けてはどうでしょうか？」と質問して，中間ステップを発展させることで，チームを援助することが好ましい．

（8）　すべての人を巻き込む

　目標が達成可能であることを疑うチームのメンバーがときどき出る．これは普通のことであり，問題視されるべきではない．

　懐疑は，すべての変更プロセスの重要かつ自然な要素である．それに対して否定したり切り捨てるような対処をする代わりに，受け入れ，話し合う場所を与えることが推奨される．困難や障害について話すためのしばしの時間をチームに与えることで，懐疑者をチーム員として認めることをチームに表明する．障害について話さずにこのテーマを避けると，懐疑者を軽視したと理解されかねず，それは逆説的にその人の懐疑心を強めることになる．障害があると認識した場合，まずはそれをそれ以上深掘りはしない．その代わりに，関心は改革のためのリソースと構成要素に再び向けられるべきである．

（9）　チームメンバーの可能性を導き，リソースを引き出す

　ここで紹介する課題はリチーミングの重要な部分であり，一般的にチー

ムのメンバーから高く評価される．これに特に注意を払うべきである．それぞれのチームメンバーについて順番に数分間話をさせる．次に全員を巻き込むために効果的な会話をしてほしい．

- メンバーAは何を行うことでチームに役立つと考えているのか質問する．
- メンバーAの何をどのように周囲は評価しているのか伝える．
- 上記のどういったところが他の人の助けになるか伝える．

チームがメンバーAをチームのリソースとして評価するときは，Aの隣に座っているメンバーBに，Aについて周囲が言ったことを紙にメモをとらせるようにする．Aに対するポジティブなイメージのリストができ上がったら，Aについて述べられたことについてのコメントをAに求め，内容的に理解できたら，Aに署名してもらう．多くの人は，自分の好ましい特徴を書面上にリストアップされると嬉しいため，Aのモチベーションアップになる．これを全員分行うこと．

(10) 外部リソースを巻き込む

目標達成にあたって，内部のリソースのみでなく，外部のリソースも必要とするという場合がある．

このような外部リソースには，別のチームの同僚，友人，家族，または専門家などが考えられる．また，例えば本，雑誌またはインターネットでもありうる．その目標に到達するために，チームを助けることができるものは，すべてリソースと見なされるべきである．外部からの助けを受け入れることによって，私たち自身に役立つだけではなく，私たちを助けたい者にも役立つ．課題達成後に，彼らの貢献に対して高く評価することで，感謝を示すことができる．

リソースを探すことは，非常に興味深い．リソースがあるか認識すればするほど，それらがさらに目に留まる傾向がある．いかに多くのリソースが存在するかを認識すると，チームはしばしばそのことに驚くだろう．

人がより多くのリソースを見出せば見出すほど，気分もよくなり，その成功を信じることができる．

（11）　これまでの成果を振り返り，自信にする

私たちが課題の前に立つとき，解決に取りかかる前に，過去の同じような状況をどのように克服したかについて考えてみるべきである．全員が何らかの教えを与えてくれる豊富な経験をもっており，詳しく検討する価値がある．しばしば人は，現在のリソースと以前の成果を比較せず，目の前の問題の解決に勢い込んで突進してしまいがちである．

（12）　進歩に気づく

今まで知らず知らずに問題や課題に対し，努力をしたことにチームメンバー一人ひとりが気づくと，組織環境の変化や変革に対して抵抗をしなくなる．彼らは，目標達成するために今から旅を始めるのではなく，すでに目標達成のために何か動き出しているという途上であることを考えるとよい気分になる．チームが最新のポジティブな発展の兆候を探すと，通常は進歩の方向を指し示すあらゆる変化に気づくことができる．十分に時間をかけることで，さらに多くの進歩の兆しを発見できるだろう．

この時点で，チームのメンバーに何がこの発展に影響を与えたのかと問うべきだ．問題の原因を見つけようとするときとは異なり，何が進歩を導いた理由かを考えるほうが有意義である．それに加えて，進歩に対しての貢献を自分ひとりで主張することは誰もできない．

アイスホッケーの試合でも，ゴールを決めた選手1人だけが感謝されるわけではない．どの選手も，そのために自分の持ち場で貢献したのだから．

（13）　行動を起こすための心の準備をする

すべてのチームメンバーに，目標達成に貢献するために来週は何をす

るつもりかと，アイデアを募集することが有効であることが実証されている．何をしたいかを考えるために，メンバーにしばらく時間を与える．続いて自分のアイデアを，チームの他のメンバー1人だけに伝え，それを他のメンバーに対して秘密にしておくように頼む．こうすることで他の誰もが目的へ貢献するだろうということを全員が承知しているのであるから，これはよい雰囲気をつくり出すことができる．チームのメンバーは，その秘密を約束したことを忘れないために，チームメンバーの他のただ1人とだけ分かち合う．結局自分自身だけで決めた約束は，他の人に伝えたものに比べて破るのがはるかに簡単である．他人に伝えた約束は破りづらい．

コーチへのフィードバックを聞く：

「今日は有益でしたか？　このリチーミングコーチはあなたたちにとってどんな価値がありましたか？」

ここでリチーミングコーチの仕事は終わる！

（14）　進歩の記録を残す

チームのメンバーには，次の2〜4週間は，周囲の変化や動きを観察したことをメモするという課題を与える．何人かは実際の観察を書き留めるだろうし，他の人は時間がなかったと言うだろう．誰かが何もメモしなくても問題はない．この課題は，文字どおりにメモをしなければならないと受け取らなくてよい．この課題は，参加者に進歩とその他のポジティブな発展を観察することを思い出させるためのものである．忙しい毎日では，意識的に観察していないと進歩に気づくことは難しい．進歩に貢献するために個々の方法を見出すこと，そしてそのために小さな成長の兆しを観察することは，メモをすることよりも重要である．この場合に重要なのは，次のステップの会話を進めるために誰もが十分な材料を集めることである．

（15）　成果を祝う

　進歩に寄与した全員の貢献を高く評価することが重要である．このようにして進歩の価値を認め，成果への喜びを分かち合うために，「成果を祝う」ことは変化に勢いを与えるはずである．自分達の進歩についての観察を分かち合い，チームの共同の目標を促進するために各個人がどのような貢献をしたかを示すことをリチーミングコーチがメンバーに依頼することで，成果を意識することに導くことができる．

　しかしそこで立ち止まらず，さらに続けて，参加者に何が成果を可能にしたかを説明してもらおう．それを可能にするために各個人が何をしたか？　その際には誰がどのように助けてくれたのか？　彼/彼女はどこからそのアイデアを得たのか？　彼/彼女がしたことがどうして機能したのか？　成果だけをリストに書き出すのではなく，そこから何か大きな心の変化を感じるべきである．

　成果を詳しく観察すると，多くの人がそれぞれのやり方でチームの成果に貢献したことに気づく．それぞれがその貢献に対して価値を認められると，チームの意識を改善することに役立つ．問題をそのままにせず，チームの成果のために寄与したと誰もが感じることが重要である．チームワーク，チームのモラル，仕事の喜びは，一緒に成果をあげるという経験の蓄積とともに築き上げられていくということを念頭に置こう．

（16）　クロージングで未来を築く

　リチーミングのプロセスが終了したら，次に何をしたいかはチームが決める．続ける？　ここに留まる？　次の目標を選ぶ？　さらにフォローアップ・ミーティングをする？　まったく別のことをする？　何をしたいかを決めることはチームの仕事である．

　リチーミングプログラムは，1つの学習経験であり，純粋に知的な経験ではなく感情の変化を伴う総合的な経験である．いまやメン

バーは，誰かに責任を転嫁することなく，チーム内にポジティブな方法で改善を持ち込むためには，どこから始めればよいかを知っている．この経験がチームの毎日のコミュニケーションに影響を与えることはほぼ確実である．

コラム1　若手の力を引き出すエンゲージメント力

　ニューオーソリティは多様な場面での活用可能性を秘めています．私は統計士・組織開発のコンサルタントとして，日本の未来を担う若手の活性化にニューオーソリティの考え方がその大きな力を発揮してほしい，と考えています．その願いを込め，ニューオーソリティの考えを身につけた皆様が広げてくださる未来の可能性を，データや現場の声から紐解いていきます．

（1）　若手はやる気がない？

　第1章でも紹介されているギャラップのエンゲージメント調査では，日本の熱意ある企業（熱意溢れる社員）の割合が10％を切り，139か国中132位と最下位レベルという現状があります（Gallup, 2018）．皆様はこの結果をどうお感じになりますか？

　私はいわゆるミレニアル世代ですが，上記の結果を見ても，驚きませんでした．しかし，この結果と私の感想を10歳上の世代の方に伝えたところ，とてもびっくりされてしまい，そのことにまた上の世代の人は，日本に熱意ある企業が多いと感じていたのか，と，私も驚いてしまったのです．日本では，個人にそれぞれの熱意はあったとしても，うまく組織力として活用できていない，特に若手の熱意を形にできない企業が多い，というのが私の感覚でした．

　私がコンサルタントとしてお伺いする先でも，若手やこれからのリーダーとなる世代の人財育成に悩んでいる組織はとても多く，「若手にもっとやる気を出させたい」という声が聞こえます．しかし，さらに話を深掘りすると，若手に限った問題ではなく，人手不足や組織の年齢構成の偏りによって，仕事の負荷の偏りやコミュニケーションの隔た

りが生じている，つまりは組織の機能不全が起きていることが多いのです．にもかかわらず，組織側は「今の若手がやる気がないからだ」，「今の若手は忍耐を知らない」と，若手が原因とすることで，問題を先延ばししているように感じます．経営者や人事といった組織の声に加えて，現場では管理職やベテラン層からも同じような声を耳にします．

　本当に若手にやる気はないのでしょうか．このような声を聴くたびに，私の周囲にいる友人は皆やる気にあふれているし，何をもって今の若手はやる気がない，ハングリー精神がないといわれるのか？　と違和感を覚えます．今の仕事を通して自分よりさらに若い世代と触れ合っても，その想いは変わりません．多くの組織や管理職，そしてメディアが面白おかしく取り上げるような，熱意のない若手，やる気のない若手はどこを探しても見当たらないのです．やる気の表現の仕方や，向かう方向性，価値観が上の世代と異なっているだけで，ベースにあるやる気や成長意欲は何ら変わらないのではないかと考えます．実際に，2017年に(公財)日本生産性本部により発表された「第4回 職場のコミュニケーションに関する意識調査結果」によると，一般社員の9割が自分自身の能力を高めたいと感じています(一般社員回答者の8割が30代以下)．

（2）　若手のやる気が伝わらない理由

　では，なぜ若手のやる気が上司や会社に伝わらないのでしょうか．それは，会社や上司が求めている(期待している)ことと，若手がめざしていることが一致していない可能性が考えられます．この期待されることや与えられることと望むことの違いはどこでも生じるものです．

　ランスタッド㈱の「ランスタッド　エンプロイヤーブランドリサーチ」では，勤務先を選ぶ際の，働き手が求めるものと企業が提供できていると考えているものとのズレを示唆しています(ランスタッド，2020)．その調査によると，ギャップの大きいトップ3は，「快適な職場環境」，「ワークライフバランス」，「興味深い仕事がある」です．特に18〜24歳は興味深い仕事を求めていますし，25〜34歳はよい実業教育を求める割合が高く，ここからは若手の仕事へのやる気，興味も成

長意欲も感じられます.

　また，過去と比較し，日本の経済的な状況やそれを反映した生活環境は大きく変化し，日本全体の価値観は常に変容しています．さらにコロナ禍の大きな社会変化を受け，若手は若手側で立てたい目標や重きを置きたい価値観があってしかるべきなのです.

　このような背景の違いから，世代間の誤解は簡単に生じます．例えば，上司が売上No.1という高みをめざすことに価値を置き，「売上1位をめざして全力疾走する」という目標の立て方がやる気の示し方だと考えていたとしましょう．その部下が，次のような目標を立てたらどうでしょうか．「今，目の前のお客様に満足して笑顔になってもらえるような契約を1件とること．そして，定時に帰って子どものケアもできるように仕事とのバランスをとること」．この2つの目標は，やる気の質や量を比較できるものではありませんし，正解もありません．しかしこういった場合，上司が部下の志が低いと感じたり，やる気が足りないと不満を感じてしまうことがあります．ここで，上司が自身の意向を部下に強制し，スピーディーに目標を達成するために，目の前のお客様のことをじっくり考える時間を取り上げ，定時が過ぎてもノルマのための準備で帰れない働き方をさせたとしたら，部下は当然やる気を失います．いやいや仕事をこなす部下を見て，上司は「部下はいつもやる気がない」と感じ，部下は「上司は自分のやりたいことをわかってくれない」という感覚が増幅します．このようなすれ違いがいくつも重なると，やる気自体はあったにもかかわらず，「この部下は使えない」，「この会社では自分のやりたいことができない」といった互いへの想いに大きなひずみが生じるのです.

　こういうすれ違いを生む背景として，暗黙知や互いに同じ感覚だろうという誤解があります．上記の例でも，上司側では頑張らせることに悪意はなく，それどころか成長させたいという想いがあるので，よかれと思って目標を強制的に調整させたはずです．ただ，その前工程に，期待を伝え，部下の想いを訊くこと，つまりは対話が必要でした.

（3）　世代間をつなぐ「エンゲージメント力」

上司の期待と若手のやる気をつなぐキーワードに，エンゲージメントという言葉があります．さまざまな捉え方がありますが，私どもは会社・上司が従業員・部下の可能性を信じ，最大限発揮させることを約束（エンゲージ）する．そして従業員・部下は会社・上司の期待に応え，自身の成長で会社や上司に貢献することを約束する．この2つの約束と実行のもと，会社も従業員もお互いの価値を相互に高め合える力を「エンゲージメント力」と捉えています．互いが望む方向を理解し合い，互いに協力して価値を高め合って進む力です．

エンゲージメント力を高めるためにするべきことはシンプルです．

・上司側は部下に何を期待しているのか，どんな可能性を伸ばしてあげたいと感じているかを整理します．
・その期待を部下にフィードバックします．
・その期待を受けて，期待にどう応えたいかを部下が上司にフィードバックします．

期待にどう応えるか，そこに若手側は自身のやる気を込めること，そしてうまく言葉にできない若手から上司が訊きだすことがポイントです．

この双方向のやりとりを，教育ではファシリテーターが介在することで実現させますが，現場でも対話を通して実践できることだと思います．経験に裏づけられた上司からの期待と，新たな環境で育まれてきた価値観をもつ若手の想いが結びつくことで，これからのニューノーマル時代を切り拓く大きな力となります．

人には期待されることでその期待に応えようという力があります．上司は若手の可能性を，若手は上司が自身を育ててくれることを互いに期待し，信じ合うことです．互いの想いの伝え方の工夫はぜひ本書にあるさまざまな考え方，テクニックを応用してみてください．ニューオーソリティの考え方を活用して，皆様が世代や環境の違いで生じた壁を越え，未来へ歩みを進めていただくことを心から願っています．

（岩嵜　薫）

コラム2　共通点が多い日本とドイツ

　日本とドイツは共通点が多いとよくいわれます．国民は総じて勤勉で，技術，職人気質を重んじ，組織を重視し，主要産業は自動車関連で，技術の基礎を担う中小企業が多いという傾向があります．第2次世界大戦では同盟国として連合国を相手に戦い敗れ，焦土と化した国家を経済力で復興させました．アジアとヨーロッパに位置し，9,000キロメートルも離れた，文化的にはまったく異なっているようにも思える両国がなぜここまで似ているのか，人類の神秘というしかありませんが，似ている分シェアできるノウハウも多いはずです．

（1）　共通点①　ものづくり重視，戦中戦後と優秀な製品を開発

　日本，ドイツ，イタリアの3カ国は1940年に軍事同盟を結び，米英など連合国と戦いました．圧倒的な物量を誇る米国をはじめとする連合国に対し，日独は優秀な兵器で対抗しました．三菱重工業が設計した旧日本海軍の「零式艦上戦闘機」，メッサーシュミット社が開発した「Bf109」などは代表例です．

　その技術力が戦後も生かされ，トヨタ，日産，フォルクスワーゲン（VW），メルセデス・ベンツといった世界をリードする自動車メーカーが誕生しました．2019年の新車販売台数を見ても，1位はVWの1,097万台，位はトヨタの1,074万台，3位はルノー・日産・三菱自動車の1,015万台と，日独メーカーの存在感が圧倒的です．フォルクスワーゲンの「ビートル」は，1938年から2003年まで生産された世界で最も有名な大衆車の一つです．またトヨタの「カローラ」は1966年から生産され，累計販売台数は約4,800万台と世界一です（表A.1）．真面

表A.1　2019年の世界の自動車メーカーの販売台数

順位	企業（国）	販売台数 （前年比増減率）
1位	フォルクスワーゲン（独）	1,097万台（1.3%）
2位	トヨタグループ（日）	1,074万台（1.4%）
3位	ルノー・日産・三菱（日仏）	1,015万台（▲5.6%）
4位	GM（米）	771万台（▲8.8%）
5位	現代自動車グループ（韓国）	724万台（▲2.2%）

注）新聞報道，各国業界団体の発表をもとに集計

目で勤勉な技術者，労働者が両国にいたからこそ，実現できた偉業といえるでしょう.

　日本では「職人」，ドイツでは「マイスター」という技術のプロとしてのステータスが確立され，日独ともにさまざまな資格制度を設けています.　中小企業の数が全企業の95〜99％であることは諸外国と大差はありませんが，大手企業のサプライチェーン（部品供給網）の一翼を担う有力な中小企業が多いことは，日独の大きな特徴といえるでしょう.　みずほ総研が2014年2月に発表したリポート「ドイツ経済はなぜ蘇ったか」によると，ドイツの小企業（従業員1〜19人）が生み出す付加価値額は，他のユーロ圏諸国の1.5〜2倍あるといいます.　日本でも，東京都大田区，大阪府東大阪市などに技術力をもった中小企業が多数あり，自動車，航空，精密機械など日本のものづくりを支えています.

（2）　共通点②　真面目，勤勉，組織を重んじる国民性

　日本は1億2,500万人，ドイツは8,300万人の人口がおり，十把ひとからげに国民性を議論することはそもそもできません.　筆者の経験，取材に基づく私見であることを最初にお断りします.　どの国にも平均的な国民性（データで定量的に証明することは難しいですが…）とされるものは存在します.　日本とドイツは真面目に仕事や学業に取り組む人が多く，個人よりも組織の調和，合理性を重んじるといわれます.

　筆者が2019年10月に取材した法政大学グローバル教養学部客員准教授の今井ハイデ氏は，ドイツ人で，日本，イギリス，オランダ，フィンランドと17年間母国以外で過ごしました.　多くの文化，国民性を比較してきたハイデ氏は，「日本とドイツ人は文化，思考がよく似ている」といいます.　その代表例が組織内での人間関係を重視する考え方で，ドイツ人は「スタムティッシュ」（直訳すると「常連や中核メンバーによる会合」）という会合を開き，人脈を築いたり，情報を交換したりするのだそうです.　酒場などで開くことが多く，日本の「飲みニケーション」に近いといいます.　ただ，仕事だけでなく，趣味，スポーツ，地域や社会の問題などカバー範囲が広いことが日本との違いです.

　文化を如実に反映する言語でも，共通点があります.　ドイツ人は

「Entschuldigen」という，謝罪にも英語の「Excuse me」にもとれる表現をよく使います．日本語の「すみません」と似ています．謝らない人が多いといわれる欧米にあって珍しい存在ではないでしょうか．日本語の「もったいない」に相当する「zu schade」もあります．環境意識の高さ，ものを大事にする精神を反映したものです．

ノンフィクション作家，早坂隆氏の『世界の日本人ジョーク集』で紹介されている有名なジョークがあります．沈みつつある豪華客船の船長は，乗客の国民性を意識して，アメリカ人に対しては「飛び込めば英雄になれますよ」，イギリス人に対しては「飛び込めば紳士ですよ」，ドイツ人に対しては「飛び込むのが規則ですよ」，日本人に対しては「みんな飛び込んでいますよ」と言った，というものです．アメリカ人とイギリス人への呼びかけにはお国柄を感じますが，日本人とドイツ人にはどこか近しい部分を感じます．

ものづくりの基盤となるのは技術力と優秀な労働者です．日独の自動車産業が世界を制することができた背景には，真面目，勤勉，組織と規則を重んじるという両国の労働者の国民性があったことは事実でしょう．

（3）　共通点③　奇跡の経済復興をなし遂げた

日本もドイツも第2次世界大戦で敗戦国となり，国土は焦土と化しました．その逆境の中から日本は「高度経済成長期（1954～1970年）」，ドイツ（再統一前の西ドイツ）も「ライン川とルール地方の経済の奇跡（1950年代）」で工業国として経済復興を果たしました．

（GDP）成長率を見ると，日本とドイツには不思議な共通点があります．1990年10月，東西に分かれていたドイツは再統一を果たしました．社会主義だった東ドイツを取り込んだことで，非効率な国営企業の破綻など，好調だった西ドイツ経済は不況に陥りました．ちょうどその頃，日本はバブル経済の崩壊で一気に不況に陥りました．その後も，タイバーツなどアジア各国の通貨が暴落したアジア通貨危機などを除き，日本とドイツは同じような成長率をたどっています．

日本が平成時代に「失われた20年」と呼ばれる経済停滞期にある中，

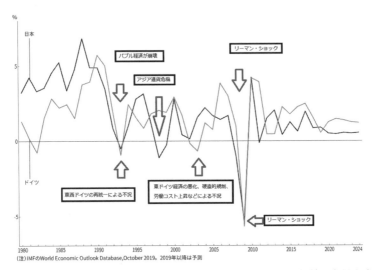

図 A.1　国際通貨基金（IMF）の記録が残る1980年以降の実質国内総生産

ドイツは 2 回目の奇跡の経済復興を果たしています（図 A.1）．2000年代前半はドイツの実質 GDP 成長率は 1 ％以下，マイナス成長も多く見られました．旧東ドイツとの統合に伴う負担が増えたことに加え，硬直的な規制，高止まりした労働コストという構造問題があったためです．失業率は10％を超える年も多く，「欧州の病人」などと揶揄されることもありました．

　それが2010年代以降，ユーロの下落で輸出競争力が高まり，単位労働コストが下がって生産性が上がったことなどが奏功し，奇跡ともいわれるほどに経済を復興させました．

　世界に感染が広がる新型コロナウイルスの被害はドイツでも大きく，本稿執筆時点（ 9 月中旬）で感染者数は約26万人に上ります．緊急事態宣言が出された日本もそうですが，奇跡の経済復興をなし遂げたドイツ式の英知を生かし，百年に一度の国難に立ち向かう必要があるでしょう．

（富山　篤）

刊行に寄せて

　私は45年以上，家族機能をよい状態にしていく心理学をベースとした家族療法や，教育療法の専門家として活動している．著者とは20年来の友人であり，深い友情で結ばれている．

　彼はこの本で，秩序が揺れ始めた世界のため，新しい秩序を説明している．この本は希望を生み出す．その希望とは，職場での共感という人の心を大切にする技術が導く未来への希望である．それによって皆で作り上げた目標は，チームの中で共鳴する．

　ニューオーソリティの発展は，ファミリー・ダイナミズム，家族療法の観点から見ると，父親と母親の，根源的な「人間の指導者」としての存在意義に関連する．強さを示すが，暴力を使わず，寛大で協力的で，どこに現れようと恐れず，不安を取り除き，他の人を信じ，後ろ盾になり，未知の領域を導き，自信が育つことを可能にする指導者である．信頼と，援助をする用意と，研究意欲によってこれは報われる．土台として成立するのは，指導者および導かれる者の互いに対する愛情と，個人的な強さである．これらはニューオーソリティがもたらしうる利益のほんの一部である．

　私にとって権威主義は，組織の改善や向上には機能しないものである．権力は腐敗のために利用される．「もし私が何かをそのように獲得できなければ，別の方法で獲得する」―征服によって，策略で，騙して，おべっかによって，あるいは相互に他方を避けることで．

　これに対して，ニューオーソリティによる人間性の高い指導は，人間愛に基づいている．職業教育で，感情面の教育は受けず，作業の技術面をどのように指導するのかの知識だけを学んだとしたら，何の役にも立たない．人間関係の問題は，主に感情の問題である．それは見方の問題のみではなく，特に感じ方の問題である．

　人間は白紙の紙ではなく，期待に満ちている．彼が何をその父親もし
くは母親から受け継いだかを誰もが知っている．信用，信頼そして愛で
ある．誰もがその心の中に，スイッチのように働くポイントを持ってい
て，声をかけられるのを待っている．声をかけられるとエネルギーを放
出し，そのエネルギーは該当する人間の発展に流れ込む．これは，しば
しば長い間使われずに眠っている大きな宝である．リーダーは，従業員
にこのポイントがあることを知るべきだ．さらに加えて，従業員にはよ
い「母親」と「父親」(リーダー)への思慕があり，それがこのポイントを
活性化させうることを，リーダーは知らなければならない．これは人間
の根源的な知識である．彼らがこれを経験したならば，彼らはそれを他
の人に伝えたいと思うし，もし経験していなければ，今それを経験した
いと望むだろう．これが起きないとしたら，生きるために重要なことが
停滞し，欠乏状態を招き，健康障害にまで至る．人間はロボットではな
い．指導において大事なものは，技術や機器ではなく，従業員への真の
関心である．

　従業員がよい働きをすることの，価値を認識することが大事である．会
話をし，彼らが言いたいことを聞き，彼らの欲求を真摯に受け止めるこ
とである．この土台の上で協働が開花する．それは成功した対話の結果
として現れる．

　人間性を避けて通ることはできないことを，本書は明確に示している．
常に個人的に発展している人がニューオーソリティを得ることができる．
これは外へ向けては促進力と感じられる，内的な強さにつながる．

　これは革命ではなく，何もかもがこれまでとはまったく違ったものに
ならなければならないというわけでもない．改善へと一歩一歩変化する
ための，進化に関することである．ニューオーソリティは，明確なゴール
枠と個人個人の発展のための空間を提供し，創造性と生産性を促進する．

ハリー・メール

謝　辞

　本書は，経営者として，また今日に至るまでリーダーのコーチや組織のコンサルタントとして情熱を注いで来た，私の長年にわたる仕事の結果である．私はこの期間に無数の多彩な閃きを受け取り，その多くを取り込んだ．あるものは私のところへ転がり込んできたもので，あるものは私が非常に努力をして獲得したものである．しかし私はいつでも一人ではなかった．いつも援助してくれる人がいた．だから私は，私のこの道を進み，興味深い社会人生活を過ごさせていただいている．私に寄り添い，それを可能にしてくれているすべての人に感謝したい．

　はじめに，40年以上に亘り愛すべき妻であるマリアンネに感謝したい．すべての生活領域において不可欠な会話のパートナーで，価値あるフィードバックと，常に愛情のこもった激励に感謝する．私は家族全員に，特に私の2人の娘グドゥルンとエーファに，彼女らがその家族を含め，私の喜びの源であることに感謝する．

　文章アドバイザーのギュンター・フロッシュによる，専門的な原稿チェックと，彼の周りを巻き込んでしまうユーモアに富んだ専門的な協力に対して，また，私の友人ヴェルナー・ピュルスティンガーの，寛大な人柄によってどんな問題に際しても活気づけてくれる存在に感謝する．

　ハイデルベルグのCarl-Auer出版社のチーム，特にベアーテ・C.ウルリッヒ夫人とラルフ・ヘルマン氏の比類のないご協力に特に感謝する．

　国際ネットワークのパートナー，ヘルシンキのベン・ファーマンとタパニ・アホラの，20年来の筆舌に尽くし難く建設的な共同作業に対して御礼を申し上げる．

　システム・インパルス，発展および指導研究室の全指導チームの代表として，クラウディア・ゼーフェルドとハンス－ヨルク・ルスティに対して，長年にわたる友好的な信頼，講義の依頼と，刺激的な会議に対し，

174 謝　辞

また，リンツのヨハネス・ケプラー大学での講義依頼に対してヴァルター・エッチュ教授に御礼を申し上げる．

　私はハイデルベルクでカウンセラーの活動を始めた．私の偉大な恩師，フリッツ・B.ジーモン教授博士とグンタード・ヴェバー博士に感謝する．

　ニューオーソリティの生みの親であるハイム・オマー教授と，そのネットワークのパートナー達による，現代が抱える，難しい質問に対する魅惑的な回答に対して心から感謝する．マネジメントでの先駆者としての仕事に対して，フランク・バウマン－ハバーザックにも感謝する．

　私に信頼を寄せてくれたすべての顧客，リーダー，組織と人材育成者，ならびにその際に私がお会いすることができた「すべての」人々に対して，心からお礼を述べたい．私は多くのことを学べたが，この本で幾分かお返しができることを期待する．

　長年の事務職員，ウルリケ・ブーフエッガー夫人には，その価値のある助力に対して，また私の友人ヘルムート・バマーの，IT領域における，特別な職務能力に対してお礼を述べる．

　グラフィックデザイナーのブリギッテ・ネーハマーと同僚のダニエル・ロッターには，革新的な図の構成に対して感謝する．

　その独創性によって私が多くの特別な体験，私が自分の仕事をワクワクするものと感じ，本書執筆を可能にした，私の友人，教師そして監督である，ハリー・メール博士に，末尾ながらも大きな感謝を送る．ありがとう．

　　　　　　　　　　　ウィルヘルム・ガイスバウワー

監訳者あとがき

―これからのリーダーのあり方とソートリーダーシップ―

１．これからのリーダーのあり方

　これからのリーダーシップを追究するため，読者の皆様は本書を読み進め，リーダーに必要な人の心理的な側面のとらえ方を学んだことと思います．読み進んでくださいまして，誠にありがとうございました．リーダーとは，先駆者，指導者，先導者を示す言葉ですが，このコロナ禍を生き抜くために，リーダーはどこをめざしてゆけばよいか，これからのリーダーのあり方について言及させていただき，皆さまとともに考えてみたいと思います．

　考えを主導するリーダーシップとして，ソートリーダーシップ（Thought Leadership）という言葉があります．ソートリーダーシップのソートとは，考え方，主張，志，意識，理念，想いなどを意味しており，企業が顧客や社会に対し，将来を先取りした，革新的なアイディアや解決策をいち早く発見し，主導者になること，と定義されています．私はこれからのリーダーのあり方として，将来を先取りした価値をつくり出せる能力は必須だと思っています．しかし，ソートリーダーシップは，この企業に聞けば解決策を示唆してくれる，という業界のブランドリーダーとなるという意味だけではなく，さらにいえば企業ブランドを作るのは対外的な見せ方による工夫だけでもないと，私は思います．

　例えば安全の担当であれば，安全を守り抜くためにチームメンバーの意識を主導できるソートリーダーとして，自分は何を理想に掲げて行動しているだろうか，と内省してください．ソートリーダーには，職位や肩書に甘んじない人格の成長が必須なのです．結果として，各部門のソートリーダーは，経営者とともに未来を考えられるリーダーとなり，仲間とともに共働し合い，新しい価値を創造できる存在になります．

2．真のソートリーダーシップとは

　真のソートリーダーシップとは，組織の大切な骨組みである製造，生産管理，設計，品質保証，安全，保全，メンテナンス，ロジスティックス，清掃，事務，広報，マーケティング，IT，経理，総務，人事，営業，経営管理，経営その他すべての部署が相互の信頼関係に紐づけされ，会社全体でよいサービス，よい商品をつくろうとする高い意識を牽引することが基本だと思っています．

　会社を代表するリーダーとして，会長，社長をはじめとする経営層のリーダーはもとより，細分化された作業を統括する少人数グループのリーダーであれ，自身が責任をもって対応している分野のソートリーダーをめざすというとてもピュアな意志が必要だと思います．

3．コトラーの言葉から，ソートリーダーのするべき仕事を考える

　ソートリーダーシップを育むにはどのような考えをもつべきか，マーケティングの父と呼ばれるコトラーの言葉を引用します．コトラーは，
- 製品中心のマーケティングを1.0（機能価値）
- 消費者中心のマーケティングを2.0（機能価値＋情報価値）
- 価値主導マーケティングを3.0（機能価値＋情緒価値＋社会的な価値）

と位置づけています．要するに，これからは顧客満足だけではなく，その先の未来に価値を見出せることが必要だと述べています．組織運営を通じて未来の価値づくりを達成するためには，それをつくり出す基盤である人間力が大切であり，そのためには，人の可能性を引き出すために，社内環境をよくしていく仕組みや仕掛けに動く人が必要なのです．

　船の業界に，"Only happy clue makes passenger gets happy." という格言があります．楽しく仕事をするクルーがいるところのみがお客様を幸せにできる，という意味ですが，まさに社内に笑顔をつくりだせる環境づくりこそ，ソートリーダーがするべき第一の仕事なのです．

4．ソートリーダーシップの高め方

ソートリーダーシップを高めるためには，マーケティング分野では，市場の動向，自社の強み，競合情報と顧客の課題を解決するコンテンツの発信が必要とされています．そこに本書でも解説されているような人と人との関係性の問題を改善するための技術である産業組織心理学の要素が入れば，社内であれ社外であれ，人と人との真の心のふれあいができます．その中で今求めているものが言及され，新しい切り口の商品開発や現場の困りごとの解決策の芽になる可能性があります．

産業競争力が高い価値あるサービスや高品質の商品をつくるためには，まさに本書が示したニューオーソリティの考え方を取り入れたソートリーダーシップで組織環境をプラスに変えていこうとする大きな理想をもつことだと思っています．そしてはじめの一歩は小さく確実に，着眼大局着手小局で動いていただきたいと思っています．とりわけ，はじめの一歩として，働く仲間の心理的側面，感情や考え方にどのように向き合うか，また，どのように扱うか，その態度や姿勢について言及している本書を，読者の皆様の心にお留め置きいただければ幸いと存じます．

ニューオーソリティを身につけたソートリーダーが，コロナ禍での予測できないことが起こり続けるニューノーマル時代を生き抜く「北極星」となることを確信しています．コロナ禍で，ニューデリーではPM2.5が60％も低下し（2020年3月13日～4月13日），インド北部のパンジャブ州で200km先のヒマラヤ山脈がはっきりと見えました（CNN）．悪い面ばかりでなく，コロナ前の世界と比べてよくなったことを評価すべきだと思います．ニューオーソリティを身につけた人は地球規模でのよいことをスタートできる勇気のあるソートリーダーになれると信じております．

謝　辞

日本語版出版を快諾いただいた，ウィルヘルム・ガイスバウワー氏に深く感謝いたします．そして，㈱日本経済新聞社編集局企業報道部次長

の富山篤氏には，日本とドイツの共通点を示したコラムを寄稿いただき，ドイツがより近く感じられ，本書をより深く理解するための一助をいただきました．誠にありがとうございます．

　本書の出版に当たり，期待とエールを送り続けてくださった，（一財）日本科学技術連盟の皆様，私のコンサルテーションや講習を受講してくださった各企業の志をともにする皆様，私に仕事をしやすい環境や活動の場を与えてくださった，ランスタッド㈱のカイエタン・スローニナ会長，猿谷哲社長，金子久子取締役および多くの同僚のいつも温かく見守ってくれる姿勢に心より感謝いたします．

　筆者と監訳者の想いを汲んで，心をこめて編集をしてくださった㈱日科技連出版社の戸羽節文社長，石田新氏に監訳者を代表して心より御礼申し上げます．

　最後に，本書をお手にとり，読み進めてくださいました読者の皆様，誠にありがとうございました．心より御礼申し上げます．

2020年9月

監訳者を代表して

ランスタッド株式会社　EAP総研

所長　川西　由美子

参考文献

Antonovsky, A. (1997)：*Salutogenese：Zur Entmystifi zierung von Gesundheit*, Bd. 36, Tübingen (dgtv).

Badura, B., T. Hehlmann (2003)：*Betriebliche Gesundheitspolitik：Der Weg zur gesunden Organisation*, Berlin/Heidelberg/New York (Springer).

Bauer, J. (2015)：*Arbeit：Warum sie uns glücklich oder krank macht*, München (Heyne).

Baumann-Habersack, F. (2015)：*Mit neuer Autorität in Führung：Warum wir heute präsenter, beharrlicher und vernetzter führen müssen*, Wiesbaden (SpringerGabler).

Büchner S. et al. (2017)：*Von wegen Revolution*, Süddeutsche Zeitung, 9. 4. 2017.

Boszormenyi-Nagy, I., G. M. Spark (1993)：*Unsichtbare Bindungen：Die Dynamik familiärer Systeme*, Stuttgart (Klett-Kotta).

Dilling, H. et al. (2005)：*Internationale Klassifi kation psychischer Störungen：ICD-10 Kapitel V (F) Klinisch-diagnostische Leitlinien*, Bern/Göttingen-Toronto/Seattle (Hans Huber).

Fischer, H. R. (1998)：*Coaching：Nichts für Vorgesetzte?! Möglichkeiten und Grenzen aus systemischer Sicht*；
www.systemagazin.de/bibliothek/texte/fischer_Coaching.pdf [24. 1. 2018]

Foerster, H. von (1988)：Abbau und Aufbau. In：F. B. Simon (Hrsg.) (1997)：*Lebende Systeme. Wirklichkeitskonstruktionen in der systemischen Therapie*, Frankfurt am Main (Suhrkamp), S. 32-51.

Furman, B., T. Ahola (1996)：*Die Kunst, Nackten in die Tasche zu greifen, Systemische Therapie：Vom Problem zur Lösung*, Dortmund (borgmann publishing).

Furman, B., T. Ahola (2010)：*Es ist nie zu spät, erfolgreich zu sein. Ein lösungsfokussiertes Programm für Coaching von Organisationen, Teams und Einzelpersonen*, Heidelberg (Carl-Auer). [engl. Orig. (2007)：*Change Through Cooperation. Handbook of reteaming*®, Helsinki (Brief Therapy Institute).]

Furman, B., R.Reinlassöder (2011)：*Jetzt gehts! Erfolg und Lebensfreude mit lösungsorientiertem Selbstcoaching*, Heidelberg (Carl-Auer).

Geisbauer, W. (2005)：*Methoden lösungsorientierter Beratung unter dem Aspekt von Gesundheitsförderung und -erhaltung für Menschen in*

Wirtschaftsorganisationen, Krems (Masterthese, Donau-Universität).

Geisbauer, W. (Hrsg.) (2012)： *Reteaming. Methodenhandbuch zur lösungsorientierten Beratung,* Heidelberg (Carl-Auer).

Gilad, Z. (2013)：*Modifying the Constructive Struggle Approach to Police Work in Israel,* (Tel Aviv University, Ph.D.dissertation).

Groth, T. (2017)：*66 Gebote systemischen Denkens und Handelns in Management und Beratung.* Heidelberg (Carl-Auer).

Kickl, D. (2017)： *Apple intern. Drei Jahre in der Europa-Zentrale des Technologie-Multis,* Wien (edition a).

Kim-Berg, I. (1997)： *Systemisches Coaching,* Wien (Seminarunterlage).

Kitz, V. (2017)： *Feierabend! Warum man für seinen Job nicht brennen muss,* Frankfurt am Main (Fischer).

Losek, F. (2016)： *Stowasser. Lateinisch-deutsches Schulwörterbuch,* München (Oldenbourg Schulbuchverlag).

Luskin, F. (2003)： *Die Kunst zu verzeihen. So werfen Sie Ballast von der Seele,* Landsberg/München (MVG).

Maslach, C., M. P. Leiter (2001)： *Die Wahrheit über Burnout. Stress am Arbeitsplatz und was Sie dagegen tun können,* Wien/New York (Springer)［am. Orig. (2007)： *The Truth about Burnout,* San Francisco (Jossey-Bass).］

Merl, H. (2006)： *Über das Offensichtliche, Oder： Den Wald vor lauter Bäumen sehen,* Wien (Krammer).

Merl, H. (2016)： *Seminar Gesundheitsbild,* Linz.

Merl. H. (2017)： (*persönliches Gespräch v.11.4. 2017 und schriftliche Unterlage,* Gramastetten).

Nink, M., A. Pfeifer (2017)： *Gallup Engagement Index 2016. Schlechte Chefs kosten deutsche Volkswirtschaft bis zu 105 Milliarden Euro jährlich,* Berlin (Gallup GmbH).

Odum, E. P. (1980)： *Grundlagen der Ökologie,* Bd.1, Stuttgart (Thieme).

Omer, H., A. v. Schlippe (2009)：*Stärke statt Macht.»Neue Autorität«als Rahmen für Bindung,* "Familiendynamik", 34 (3)： 246–254.

Omer, H., A. v. Schlippe (2010)： *Stärke statt Macht. Neue Autorität in Familie, Schule und Gemeinde,* Göppingen (Vandenhoeck & Ruprecht).

Omer, H., Z. Gilad (2013)： *Potential Effects of Training in Constructive Struggle on the Behaviour and Attitudes of Police in Conflicts with Citizens,* (Tel Aviv University).

Omer H., A. v. Schlippe (2016)： *Autorität durch Beziehung. Die Praxis des gewaltlosen Widerstandes in der Erziehung*, Göttingen (Vandenhoeck & Ruprecht), 9. Aufl.

Omer, H. (2017)：*Neue Autorität*, Teil 1, Videoclip, veröffentlicht auf www. youtube.com am 03.12.2014 [20.02.2017]．

Pieper, J. (1998)：*Das Viergespann. Klugheit-Gerechtigkeit-Tapferkeit –Maß*, München (Kösel).

Reichel, R. (2005)：*Beratung Psychotherapie Supervision. Einführung in die psychosoziale Landschaft*, Wien (Facultas).

Rohm, A. (2006)：*Change – Tools. Praxishandbuch Beratung*, Bonn (managerSeminare).

Rosa, H. (2012)：*Resonanz statt Entfremdung：Zehn Thesen wider die Steigerungslogik der Moderne* (Vortrag bei der Tagung»Gesellschaftliche Entwicklungen nach dem Systemumbruch«, Jena).

Rosa, H. (2016)：*Resonanz. Eine Soziologie der Weltbeziehung*, Berlin (Suhrkamp).

Rosenberg, M. B. (2016)：*Gewaltfreie Kommunikation. Eine Sprache des Lebens*, Paderborn (Junfermann).

Rosenstiel, L. v. (1998)：*Führung. In：H. Schuler (Hrsg.)：Lehrbuch Organisationspsychologie*, Bern/Göttingen/Toronto/Seattle (Hans Huber).

Schäfer, H. (2002)：*Vom Nutzen des Salutogenese-Konzepts*, Münster (Daedalus).

Schindler, R. et al. (Hrsg.) (2016)：*Das lebendige Gefüge der Gruppe. Ausgewählte Schriften*, Gießen (Psychosozial).

Schüffel, W. et al. (1998)：*Handbuch der Salutogenese. Konzept und Praxis*, Wiesbaden (Ullstein Medical).

Seeikkula, J. (2011)：
https://www.youtube.com/watch?v=ywtPedxhC3U [8. 6. 2017]

Seliger, R. (2008)：*Das Dschungelbuch der Führung. Ein Navigationsbuch für Vorgesetzte*, Heidelberg (Carl-Auer).

Simon, F. B. (1995)：*Die andere Seite der Gesundheit. Ansätze einer systemischen Krankheits- und Therapietheorie*, Heidelberg (Carl-Auer).

Simon, F. B. (1997)：*Systemische Beratung. Lehrgang*, Heidelberg (Internationale Gesellschaft für systemische Therapie und Beratung).

Simon, F. B. (2006)：*Einführung in Systemtheorie und Konstruktivismus*, Heidelberg (Carl-Auer).

Simon, F. B. (2007)：*Einführung in die systemische Organisationstheorie*, Heidelberg (Carl-Auer).

Simon, F. B. et al. (1992) : *Radikale Marktwirtschaft. Grundlagen des systemischen Managements*, Heidelberg (Carl-Auer).

Watzlawick P. et al. (1988) : *Lösungen. Zur Theorie und Praxis menschlichen Wandels*, Bern/Stuttgart/Toronto (Hans Huber), 4. Aufl. [am. Orig. (1974) : *Change. Principles of Problem Formation and Problem Resolution*, New York (W. W. Norton).]

Weber, G. (Hrsg.) (1993) : *Zweierlei Glück. Die systemische Psychotherapie Bert Hellingers*, Heidelberg (Carl-Auer).

Weber, G. (Hrsg.) (1997) : *Praxis des Familienstellens. Beiträge zu Systemischen Lösungen nach Bert Hellinger*, Heidelberg (Carl-Auer).

Weizsäcker, E. U. und C.Weizsäcker (1972) : *Information und Evolution*, In : J.-H. Scharf (Hrsg.) (1972) : *Informatik. Nova Acta Leopoldina*, "Neue Folge", Nr. 206, Band 37/1, Leipzig (Barth).

Wiener, N. (1948):*Cybernetics or Control and Communication in the Animal and Machine*, Cambridge (MIT-Press). [dt. (1992) : *Kybernetik*, Düsseldorf (ECON).]

Ziegler, H. (1970) : *Strukturen und Prozesse der Autorität in der Unternehmung. Ein organisationssoziologischer Beitrag zur Theorie der betrieblichen Organisation*, Stuttgart (Ferdinand Enke).

索　引

著者紹介

ウィルヘルム・ガイスバウアー （Wilhelm Geisbauer）
インターナショナル・リチーミング・インスティテュート創始者
（オーストリア，ドイツ，スイス）

　社会心理カウンセリング学を専門とし，現在組織開発コンサルタントとして，日本でも名の知られているドイツ企業の経営者や管理者に対してのエグゼクティブスーパーバイザーを務め，コンサルテーションを行っている．組織開発のコンサルタントの育成も数多く行い，リンツ大学やスーリック大学でもリーダーシップとチームビルディングを学生に教育している．

【主な著作】
　Führen mit Neuer Autorität：*Stärke entwickeln für sich und das Team*（Carl-Auer, 2018年）
　Reteaming：*Methodenhandbuch zur lösungsorientierten Beratung*（Carl-Auer, 2012年，訳）

監訳者紹介

川西　由美子　（かわにし　ゆみこ）
ランスタッド株式会社　EAP総研　所長

　産業組織心理学，臨床心理学を専門として，現在はオランダに本社のある世界最大級の総合人材会社ランスタッド㈱EAP総研の所長として，国家機関，地方自治体，企業，病院などで産業競争力を高める人材育成や組織改革の技法を広めている．フィンランドにてヨーロッパを中心に世界25か国に広まりを見せる組織活性化技法の指導者資格を取得．病院のストレスドックカウンセラーとしても活動．著書は，ベトナムの情報通信省やインドネシアでも出版され，ベトナムの大学や企業，インドネシアの企業や病院でも教育活動を行っている．

- ・福島第一原発廃炉措置に向けたロボットの遠隔技術開発センターである，JAEA日本原子力研究開発機構　楢葉遠隔技術開発センターにおける初の品質月間講師を務める（2016年）．
- ・厚生労働省の委託事業として，東日本大震災後の福島県南相馬市市民のメンタルヘルスケアに従事（2012～2015年）．
- ・旭化成陸上部のメンタルトレーナーを務める（2005～2009年）．

【社会活動】
　認定NPO法人ゴールドリボンネットワーク　理事（小児がんの子供のための活動）

【主な著作】
　『チームを改善したいリーダー・推進者のための心の好循環サイクル』（日科技連出版社，2015年，2018年にベトナム社会主義共和国　情報通信省情報通信出版局より翻訳出版）
　『ココロを癒せば会社は伸びる』（ダイヤモンド社，2004年）
　『PMS（月経前症候群）を知っていますか？』（朝日新聞社，2004年，編・訳）
　『ココロノマド』（朝日新聞社，2003年）　他，多数

岩嵜　薫（いわさき　かおる）
ランスタッド株式会社　EAP総研　EAPマネジメント
課　マネージャー
Behavioral Health コンサルタント

　早稲田大学大学院文学研究科心理学専攻修士課程修了.
　現在，オランダに本社を置く世界最大級の総合人材会社ランスタッド㈱EAP総研のBehavioral Health コンサルタントとして，心理学のアプローチにより公的機関や企業への組織開発・人財育成のコンサルテーションを行う.
・香川県「若手社員職場定着支援事業」の委託事業として，若手社員を対象とした研修を実施（2015年）

【執筆活動】
　『チームを改善したいリーダー・推進者のための心の好循環サイクル』の日本での出版，およびベトナム語版出版に際し編集協力.
　安全維持のためのダイバーシティマネジメント，人手不足労災に対応する組織づくりについて，雑誌やwebサイトでのコラム執筆などを行う.

【教材制作】
・厚生労働省の委託事業として，東日本大震災後の福島県南相馬市市民のメンタルヘルスケア向け心理教育教材「ココロマネジメントパック」の制作.
・全国信用金庫協会事業として，「信金流リチーミング」：チームビルディング教材の制作.

産業組織心理学によるこれからのリーダーシップ
ドイツ流リーダーシップ論　ニューオーソリティ

2020 年 10 月 31 日　第 1 刷発行

著　者	ウィルヘルム・ガイスバウワー
監訳者	川西　由美子
	岩嵜　薫
訳　者	ランスタッド㈱ EAP 総研
発行人	戸羽　節文

発行所	株式会社 日科技連出版社
〒 151-0051	東京都渋谷区千駄ケ谷5-15-5
	DS ビル
電　話　出版	03-5379-1244
営業	03-5379-1238
印刷・製本　東港出版印刷株式会社

検　印
省　略

Printed in Japan

Ⓒ *Yumiko Kawanishi, Kaoru Iwasaki 2020*
ISBN 978-4-8171-9724-5
URL https://www.juse-p.co.jp/